漫话 ManHua
我们的经济社会
Women de Jingji Shehui

李炜光 著
梅逢春 绘

中国财政经济出版社

图书在版编目（CIP）数据

漫话我们的经济社会 / 李炜光著； 梅逢春绘. --北京：中国财政经济出版社，2014.7

ISBN 978-7-5095-5553-8

Ⅰ.①漫… Ⅱ.①李… ②梅… Ⅲ.①经济学-通俗读物 Ⅳ.①F0-49

中国版本图书馆CIP数据核字(2014)第155875号

责任编辑：赵　力　　李筱文　　　**责任校对**：胡永立

整体设计：思梵星尚

中国财政经济出版社 出版

URL:http://www.cfeph.cn

E-mail:cfeph@cfeph.cn

社址：北京市海淀区阜成路甲28号　邮政编码：100142

营销中心电话：010-88190406　北京财经书店电话：64033436 84041336

北京联兴盛业印刷股份有限公司印刷　各地新华书店经销

787×1 092毫米　16开　14.75印张　185 000字

2014年9月第1版　2014年9月北京第1次印刷

定价：58.00元

ISBN 978-7-5095-5553-8/F·4492

（图书出现印装问题，本社负责调换）

本社质量投诉电话：010—88190744

打击盗版举报热线：010: 88190492，QQ: 634579818

前言

这本小书，是我和漫画家梅逢春先生首次合作的成果，主题是“我们的经济社会”。我俩的分工是，我负责选取一些社会上发生的平常事做一点评论，看到什么想什么，想到什么说什么，无一定之规，跟街头巷尾茶楼酒肆里议论国是没什么区别；而梅先生则用他那支生花之笔，把从文章的寓意提炼和描绘出来，意到墨随，丹青妙手，达到惟妙惟肖的境界。三年多来，我们老哥儿俩两支笔共同努力，日积月累成集，便成就了本书的一点形式特色：一篇文配一幅画，文、画结合。文涉及面甚广却无多少高明见解，画却使本书多了一层趣味性，为的是让读者除了随着我们思考一些与自己相关的现实问题外，还可享受一点娱乐性的怡然轻松之感。

本书所谓“经济社会”，是指与我们每个人的日常生活密切或不那么密切的所有的人和事物的大集合，我们在中间打入一个楔子，这就是财税。楔子者，以物出物之谓也，即以甲事引出乙事或更多事之意。我们试图从财税的角度来观察解释纷繁的经济现象和社会制度，其背后的理论思路和分析框架是财政社会学式的。

这是一种目前并不大时兴的方法论，其创始者是熊彼特和葛德雪，意在分析研究财税领域和其所辐射到的所有政治、经济和社会问题。这是合于学理的。因为财政本来就不是纯粹的经济问题，而是作为连接上述大社会概念的三个子系统的媒介而存在的。要确保经济社会持久稳定的发展，就必须统筹财税与整个社会的关系，强调政府与企业、与家庭、与国民个体的相互包容与合作。其中的道理，就是现代国家治理，而财政，便是作为它的基础和支柱而存在的。

若以此为视点，从上至下的“统治”或“管制”的思维便已然过时，平行的倡导合作共赢的治理型社会拉开了序幕，一个新兴的现代国家和现代财政制度将被人们一步步地塑造出来。

于是想起，不过就在几年以前，人们对财税问题都还很陌生，对财税与社会这个大系统的内在关系会导致什么也不感兴趣。如今已大不相同了，“宏观税负”、“税痛指数”、“不动产税”、“预算法修改”、“土地财政”、“央地关系”等等，都已成为人人日日时时关注和热议的话题。我们从中感受到的，是中国这个古老民族正在发生某种实质性的进步，同时也交织着各种矛盾冲突。本书所致力的，就是对这个复杂多变的时代做一点力所能及的描述和分析，由小至大，由浅入深，为大家逐步理解国家治理的逻辑关系提供一点启发和感悟。如是，我们写作这本小书的目的也就达到了。

跟画家合作，于我来说还是头一回，这首先要感谢《中国储运》杂志社，我的这些一两千字的小文大都发在这本杂志上。崔主编和陈、王两位编辑，合作久了，大家便成了朋友，每年春节初五过后必有聚会，把酒畅聊一番。这是一本专业味儿十足的杂志，我的文字也僵化呆板得可以，可是陈编辑却别有创意地把京津一带颇有名气的漫画家梅逢春先生请来与我合作，于是，愉快的合作便就此开始了。

私下里，朋友们都把梅逢春先生称作“梅大师”，他为人热情朴实，画作构思独特，生动有趣，难得的是保持了传统漫画原汁原味的讽刺风格和目前已经很少见到的传统技法。在我这个外行看来，他应该归于华君武、方成、苗地那一代漫画家群落里的小弟。他年轻，今年还不到70岁，风格却是属于那个时代的。

最后，还要真诚感谢中国财经出版集团中国财政经济出版社的赵力编辑。这位极度负责的编辑偏偏赶上我这位吊儿郎当的作者，中间几次因为俗务忙乱而掉链子，幸亏有赵编辑死盯，执着要求，曾因苦等我的电子版不到而令打字员把所有文字重新录入一遍，令人感动。

我们的想法是，出版这本书只是个初步尝试，若运气好有些市场，读者又比较认可这种说来有点古怪的形式，我俩的合作就算得上一个比较良好的开端。

来日方长。

李炜光

2014年8月6日夜

于津门梅江

目录

漫话 ManHua
我们的经济社会
Women de Jingji Shehui

预算法修改与人民代表大会

○虚设

你不会预案，你如何治理？

近日与天和经济研究所的龚所长在微博上有个简短的对话。龚所长：预算法必须做到五公：预算分配要公平，预算执行要公开，预算调整要公正，预算监督要公允，预算评价要公心。我问：如何才能做到呢？龚答：以民生、以控权、以法治为根本全面修订预算法。我答：法律是底线，法律如何能做到你说的公平、公正、公允、公心呢？其实我还有一句话没问出来：谁能做到以民生、以控权、以法治为本来从事目前正在进行的预算法三审稿的修改呢？

这不完全是问龚所长，更多是在问自己：我们倚仗法律，法律又是从何而来的呢？学者们提建议处处小心谨慎，生怕触怒了上层而前功尽弃，稍有进步就大加赞扬，可见修法的主导者（人大并非主角）有多牛，而宪法和《立法法》明文规定的立法机构在预算法修法问题上有多弱。

不得不承认，目前我国还处于“前预算时代”，政府内部缺乏集中有效的内部控制，外部则缺乏立法机构、独立的审计机关和社会公众严格的控制和监督，预算信息则处于基本封闭的状态，财政责任难以落实到具体的机构和个人，每年 3 月人大开会全体代表举手通过的预算，对政府财政收支很难起到真正的制约作用，是一个典型的“软”性预算，可有可无，至多，有聊胜于无。这就不可能不导致财政效率低下、资金浪费极其严重、大量贪腐行为难以祛除。

预算是代议制这种人类文明形式的必然产物，与我国的人民代表大会制度紧紧相连，这一点，在我国的宪法中写得清清楚楚。预算一旦被批准，就成为立法机构对政府的授权或政府对立法机构的责任状，政府必须不折不扣地执行，凡没有列入预算的公款，则一分钱也不能动用。这是一个国家花钱的规矩，跟家庭过日子花钱也讲规矩是一样的道理。但是我们看到，尽管三审稿已经比二审稿有了一些改进，人民代表大会的预算权力仍然欠缺，或不到位。

目前我国人大介入预算审议太晚，政府部门编制预算的时间足有半年，而人大对草案的实质性审议不过一两个月（3月的大会审议更多的只是走过场）。同时，代表们对政府提交的预算草案上的项目和数字缺乏修正权，对这个问题，三审稿也没有触及。对预算草案，代表们要么整体通过，要么整体否决。整体否决在我们国家是不大可能发生的事，整体通过便是唯一的选择。问题在于，如果初审时人大常委会提出修改意见而政府拒不修改怎么办？如果人大代表以多数票否决了当年的预算怎么办？这些问题在理论上是可能出现的，万一真的发生，法律上应做何应对？

目前人民代表大会对预算草案的审议是一揽子、类款项的形式，代表们无法完整了解某一支出项目的完整和具体的情况，也就难以进行有效的审议讨论、微观层面的优化配置和跨年度的控制监督。应当建立规划–项目式的预算书，通过各种具体的支出项目或工程项目反映出来，让外行的人大代表们（占多数）能够一目了然，并在此基础上展开实质性的审议，所谓听证、辩论、表决也才有实际意义。说到表决，应变目前的整体表决制为单项表决制，前面提到的预算修正权（修改、审议、批准或拒绝政府的账单）应在此基础上得到法律的确认，这也是三审稿忽略掉的问题。

类似的问题在三审稿中还有不少。例如第17条，我国预算年度仍规定为历年制，即1月1日至12月31日，应改为与会计年度捆绑在一起，改为自公历4月1日起，至次年3月31日止。道理很简单，人民代表大会开会的日期是每年的3月份，人大未批准之前政府是不能花钱的；再比如第57条关于国库的规定，应在法律上明确，未经人民代表大会的同意，任何部门、单位和个人都无权冻结、动用国库库款，或以其他方式支配已入国库的库款；国库管理的具体办法应由全国人民代表大会而不是国务院规定，等等。

预算的治理并不那么复杂，只要预算的制定和执行过程公开、透明，只要人大政协的代表委员、每一位纳税的公民，大家齐心协力捂紧钱袋子，亿万双眼睛紧盯着责任人如何收钱、分钱和花钱，只要言路是畅通无阻的，我们的社会就能形成强大的约束力量，什么效率不高、制度不规范、贪腐浪费之类的问题就都能有效地得到解决。

现在我来回答问龚所长的那个问题：我们倚仗法律，法律又是从何而来？回答是人民和人民代表大会，这样说的依据，在宪法第二条中写着呢。

反腐败的难度和出路

○软管

反腐败只有进入制度和法律的层面才是有价值的。

中国正在劲吹反腐风暴。今年5月19日，中央纪律检查委员会书记王岐山强调，所谓“转职能、转方式、转作风”，就是要聚焦中心任务，往监督执纪问责上转，这是我在网络上搜到的中央领导有关反腐败的最新言论。我国的反腐风暴正在向纵深发展。

关于腐败和反腐问题，人们多从政治涵义上去理解，我是个学者，想从学术上找找答案。哈耶克给腐败下的定义是：“腐败乃是那种强迫我们的意志服从于其他人的意志的权力，亦即利用我们对抗我们自己的意志以实现其他人的目的的权力。”塞缪尔·亨廷顿认为：“腐败是指国家官员为了谋取个人私利而违反公认准则的行为。”苏珊·艾克曼认为：“腐败是国家管理出现问题的一种症状。这种症状表现为那些原本用来管理公民与国家之间的关系的机制，却被官员用来达到个人发财致富的目的。”国际透明组织（1995）对腐败的解释是：“公共部门中官员的行为，不论是从事政治事务的官员，还是行政管理的公务员，他们通过错误地使用公众委托给他们的权力，使他们自己或亲近于他们的人不正当地和非法地富裕起来”。

对腐败问题，人们至少可以达成以下共识：这是一种利用公共权力谋取私利的、侵犯公共利益的行为，是在私人收益与社会收益之间、私人成本与社会成本之间存在巨大差距的前提下出现的一种合乎个人“经济理性”，但是却违背社会利益的行为。腐败不会创造新的社会财富，而是将社会财富转移到少数垄断生产者手里，或将公共资源转移给少数腐败分子及利益相关者，对经济增长及公众福利产生危害，对社会的长治久安构成隐患。

腐败的根源在于权力本身具有一种内在的异化机制，孟德斯鸠有一句名言："一切有权力的人都容易滥用权力，这是万古不易的一条经验。"阿克顿勋爵也说过："权力导致腐败，绝对的权力导致绝对的腐败"。可见，权力如果成为直接参与价值分配的现实资源，就表明它无法受到基础价值资源的制约，进而产生权力寻租行为的泛滥。就最容易酿成腐败的财政领域来说，问题总是出在官员个人权力太大和有效制约的缺失。各级政府之间、政府不同部门之间由于事权不明确，很容易造成财政分权不规范，形成财政体制中的集权现象。财政管理权力界定的缺陷，有可能导致政府预算的膨胀、预算资金的浪费，有可能发生把预算内资金转化为预算外资金，也有可能导致税收和国有资产的流失。在传统体制向市场经济体制转换时期，在财政管理权力不被界定的真空地带，就意味着掌握这一权力的官员可以毫无阻碍地将公共权力据为己有，谋取私利。可见，如何保证公款和公共资源的安全和不被任意错配，才是这场反腐风暴的难点和关键之点。

导致腐败的其他原因也可从制度上寻找。公共选择理论认为，每个人都是在限制条件下使其收益最大化的。在不同的制度下，人的行为选择不同，制度对于人的行为选择具有支配性的作用。某一领域发生系统性腐败，一定是特定的制度安排的结果。财政领域发生腐败，一定是财政制度及其相关制度安排不合理或"篱笆"设置不严密所导致的结果，比如，财政信息不透明给腐败者留下脱离监督的真空，缺乏绩效考评及对失职者的问责机制、缺乏有效的控制、监督和纠错的机制等。

关于治理腐败的出路，首先和最重要的问题其实并不是"加大打击力度"，而是财政权力的制衡机制的建立。人大应切实承担起立法和监督职能，政府施政要切实对人民代表大会负责，审计部门要对各级政府财务实施独立的审计。在人大与政府部门之间、上级政府与下级政府部门之间、各级行政和审计部门之间，建立起一种长效的权力制衡关系，从根本上遏制反腐败才是可能的。

反腐机制一定是由有效的制度制约体系所组成。要增强预算透明度，建立规范的财政报告和信息披露制；要建立财政收支查询监督网络系统，形成由人大、审计与财政部门共同联网的财政收支查询监督网络；要切实加强人大的实质性监督，建立强有力的预算问责机制；要建立公众参与式的预算机制，让公共资源的筹集和使用充分呈现在整个社会的实时监督之下。

所以我们的结论是，反腐败只有进入制度和法律的深层，致力于构建公款和国库的安全网，它才是有价值的，才有可能获得最后的成功。

经济下行时不要与民争利

○遇难成祥

源自奥地利学派的自由秩序原理，与我国道家的“清静无为”思想颇有暗合之处。

中国当前的经济增长减速，既不是因为经济发展到了一个自然收敛阶段，也不是因为对外贸易依存度过高，而只能用政策干预不当来解释。四万亿元财政刺激加上地方配套和银行贷款，中国在短短的两三年内向流通领域投入了20多万亿元资金，“乘数效应”却没有显现，中期效应更谈不到，上一轮刺激政策刚刚结束，宏观经济就又开始掉头向下坠了。

在经济下行趋势比较明显的情势下，我国应继续推进增值税、营业税、消费税的改革，消除其妨碍投资和创业的因素。我国目前仍实行以商品税为主体的税制结构，增值税的缺点是过度依赖对新创价值的课税，无助于鼓励民间投资，而营业税则无助于企业技术创新和现代服务业及物流业的发展。应致力于调整现行税制组合，变依赖流转税为注重所得税和财产税的建设，多实行一些与小微企业生存，以及节能减排、研发创新、生产性服务业及战略新兴产业发展息息相关的税收优惠政策。

应将民主嵌入正在推进的房地产税改革，人民的意愿须通过各种渠道如听证、质询、问责等程序反映出来，政府要给予积极回应，官民良性契合，中国的土地财政和房地产市场问题的解决才有希望。如果在这个过程中纳税人有税负加重的感觉，便很难获得纳税人的理解和配合，地方政府、税务部门就很难操作，官民关系就会变得紧张。

应改革和调整针对居民个人的税收，减轻税负和实行以公平税负为特征的税收政策。个人所得税由分类税制向综合税制的过渡应当加快，直接税和间接税的比例应作出合理调整。目前对于月收入5000元左右的居民来说，直接税负担只占个人全部税负的 2.7% 左右，而间接税负担占比却达到了 97.3%。不降间接税，减轻个人税负就是一句空话。

应实施总量减税政策，合理确定宏观税负标准，保持政府的规模维持在一个较为适当的水平上。我国政府每年掌控的财政收入以占 GDP 的 20% 或稍高一点为宜，如有明显超出的趋势，应通过预算控制机制予以限制。未来的中国税制，应当是一种同时具有激励企业和个人创业、革新和发展，有利于提高纳税人权利意识，同时税负相对较轻的新型税收组合。

通过降低企业和居民个人税负激励社会的投资和消费需求，既有一定的逆周期扩张的作用，也有利于经济结构调整，还能有效提高微观经济主体的活力、创新能力以及竞争力。如果在很多小微民营企业已陷于惨淡经营的境地时仍拒不减税、减负，即使再及时的救市政策，也只能起一点临时挡一挡衰退浪潮的作用，而不能从根本上扭转经济下滑的趋势。

政府应富有诚意地减少自己对经济资源的占有，把更大的份额留给民间。在巨额的和关键性的财政支出项目的决策过程中，应嵌入一个“公共选择”的程序，以减少公共投资决策的失误和以较低的成本换取较高质量的发展。缺乏民主过程的经济决策很容易出错，并且纠错能力较差，由此导致更大的资源浪费。在决策过程中引入民主参与机制，可以有效地促进政府与公民之间的沟通和交流，缺了这个环节，制度、政策与社会现实之间的距离就会加大，即使执政者能够做到自上而下地进行制度或政策的更新，也是僵化的和脱离民意基础的。

应把财政信息的公开、透明纳入法治轨道。无论税收制度和政策的制定过程，还是预算的编制、审查、听证和执行，都应该立法，使之成为财政法律的一个确定的环节，让公众意见成为财政预算的重要依据，并接受公众的广泛监督，这才是一个开放社会应有的精神高度，这样的制度和政策，才会得到人民发自内心的支持和自觉遵从。

目前正在进行的预算法修正案在人大常委会的“三审”程序，应对部门立法倾向和秘密修法的倾向予以限制，明确立法宗旨和合于现代法治精神的预算原则，强化人民代表大会在预算审议和监督过程中的地位和作用，裁减交由国务院自行处置的事项和财政部门的预留权力。

总之，今后一个时期，政府应实行修养生息、还富于民的政策，着重扶持民间经济的发展，并应明确表示：从此不再与民争利。这个主张，源自奥地利学派如哈耶克阐述的“自然秩序原理”，也暗合我国古典道家“清静无为”的精神，更是我国经济发展的现实需要。照着去做，也许带不来新一轮的高增长，但至少可以规避风险，让我们的经济之船行走得更安全、稳健一些。

做个现代社会的合格纳税人

○崔膘

税收是为了人类的福祉而存在的，而不是人类为了交税而存在。

记得前几年曾发表过几篇探讨宪政民主与税收关系的长篇大论，除了学界内部，社会上没几个人关心的。现在全然不同了，税收已经成了人人关心的热点问题、焦点问题，甚至是“敏感”问题。我作为这段历史的亲历者，感到欣慰——中国的确是在进步。

对于税收，我们既很熟悉（因为大家都是纳税人），又感到陌生（因为太过专业）。求教于教科书，上面写着：是国家为实现其职能的需要，凭借政治权力，强制、无偿地征取财政收入的一种分配形式——老师这么教，学生这么学。但我们很少想过，税收的定义原不应该这样简单。

在现代社会，公民与政府在法律和道义上是平等的关系，这与传统社会的统治与被统治的关系有着天壤之别，所以纳税实际上是公民在与政府交换一种东西，这种东西是公民个人凭自己的力量很难生产出来的，所以要把自己创造出的财富的一部分以税收的形式从国家的手中交换过来。

那么，公民纳税交换政府的这个东西到底是什么呢？一般回答是公共产品和公共服务——这当然没错，而且已经属于比较“进步”的认识了，但仍然没有说到点子上。准确的回答应该是，公民交税的目的是换取政府的一份责任，一份它不能不尽到的为国民谋福利的责任。什么时候政府尽到这个责任了，政府就是好政府，税收就是好税收；什么时候它没有尽到这个责任，它就是孬政府加税收。事情就是这么简单。

我们的社会之所以需要一个政府，之所以大家要向它交税，是因为公共产品和公共服务不是公民个人生产得出来的，市场在这个方面是“失灵”的。比如，失业救济、义务教育、养老、公共医疗等等，都属于我们所说的“公共服务”的范畴，这些事关系到社会上每一个人的福祉，而有力量做这些事的，只有政府，或者说，主要是政府。从这个意义上说，我们人人都离不开税收，人人都需要缴纳税收。

所以，为社会提供好的公共服务，让国民福利随着经济社会的发展而逐步提高，就是我们这个社会需要“养活”政府的理由，甚至可以说是唯一的理由。其他各种冠冕堂皇的理由，无论被人们吹得多么神圣和伟大，其实都无关紧要。

税收原是没有生命的，像一堵高墙，冰冷、坚硬，因为它是体制，是制度，是法律，人们只能在它面前低头。但这种解释也不完全正确。税收也有公平，也有正义，也有爱，“以人性为本”，应当是征税者奉行的至上原则。税收应该是有生命的，是由人赋予它的。

在人类历史上，税收的确能够给人类带来福音，给社会的和谐稳定创造了一个物质基础。曾经广为流传的话“人人为我，我为人人”，其实就可以概括为税收的一个本质的特征。但税收也并不总是“天使”，有时候会变成“恶魔”，散发给人间以丑恶和绝望。历史上那些横征暴敛、竭泽而渔，民不聊生、揭竿而起的例子，不胜枚举。就是在现代社会，税收也经常被某些执掌公权力的人用来谋一己之私，或挥霍浪费而不知节，此时的税收，便不再拥有正义、尊严和权威。

在现代社会，尊重和维护纳税人权利已成为各国公认的普世价值，无人怀疑它的正当性和合法性。正是由于税收是对公民财产权利的剥夺，涉及公民的基本权利和福祉，所以人们把置于宪政民主制度之下，由人民选举出来的议会来投票决定，而不是由执掌公权力的少数官员来代替国民自行决定。在这里，投票是不必也不能附加任何理由的，因为它本身就是理由。

当今中国社会正在发生翻天覆地的变革，纳税人已经登上历史舞台。“两会”之上，市井之中，税收已成热门话题，关注税收，就是关注自己的利益，正成为人人都懂、都肯于“锱铢必较”的道理。而庙堂之上的官员也在反思，如何使自己手中征税的权力得到公众的认可，让它更好地“为人民服务”。这对于一个有着几千年专制社会历史的国度来说并不容易，属于脱胎换骨的过程，是难事，更是好事。

当然，我们提倡纳税人权利，并不意味着无原则的迁就无故逃税者，因为那对大多数人是不公平的，而是主张，税收应当植根于最基本的人性的正义和善良，保有崇高的精神境界，在民主法治的规道上运行。税收是为了人类的幸福和公平而存在，而不是人类为了交税而存在，这是个最基本的道理，不能反过来说。

人大监督与预算细化

○无题

人民代表大会，中国财政议会也！

早春三月，是全国人大开会的日子，“瞩目”的范围，如今已经超越了“万众”的范围，不少国家和地区的目光也聚焦过来。今年的人大会议，预算的公开、透明是主要议题之一，也是落实党的十八届三中全会提出的这一主要施政目标的实际步骤。

我国人大对预算实施监督主要通过三层主体进行，其中各级人民代表大会的法律地位和预算监督权利最高，但由于大会并不是经常召开，各级人大和人大代表的预算监督作用空间就十分有限，而加强和完善作为常设机构的各级人大常委会和专门委员会对政府预算的监督，就成为加强预算监督的现实选择。美国前总统威尔逊曾说：开会期间的国会是对公众的展览，而国会的各个专门常设委员会才是“行动中的国会”。国外也有人将这些常委会和专门委员会称为“小型立法机关”。

我国的人民代表大会不实行垂直管理体制，全国人大和地方各级人大的常设监督机构的设置不尽相同。全国人大设财经委和预算工作委员会，但这两个机构的职责权限一直没有提高到法律层面上，这就需要今后在法律上进一步明确预工委和财经委的职能和地位，使其能够真正起到“小型立法机关”的作用。这两个机构目前存在的共同问题是专业人员稀缺，制约了监督职能的发挥。

按照部门预算编制细化的要求，一级政府组成部门少则几十个多则上百个，各级政府的部门预算大多有几百页，而人大财经委现有委员 32 人，预算工作委员会也只有 20 多名工作人员，全国上万亿元预算资金的审查监督主要由他们进行，专业人员不足已经成为制约全国人大预算监督的主要瓶颈。在地方上，大部分省级人大设立了专门的预算监督部门，有的称为财经委，也有的设立预算工作委员会或者预算监督室。同全国人大一样，这些监督部门人力稀缺，有的只有两三个人，“小马拉大车”，谈不上有效监督。

目前在我国常设监督机构对预算审查和监督的结果未做到及时告知全国人大和人民代表，据有关部门解释，是出于应对突发事件和提高监督效率的考虑，但是这样做是对公共权力的不尊重，不利于形成对监督主体的再监督。前几年北京市曾作出决定，市人大常委会起草工作报告、法规草案，确定年度工作要点和立法、开展执法检查、监督计划和预算执行，要通过书面、网络等形式征集人大代表的意见，或直接邀请人大代表参加讨论。这样做，有助于加强人大常设部门和人大代表之间的沟通，提高人大的监督能力，可惜这些经验没有在更高层次和更大范围内推广。

细化预算是立法机关进行预算监督的前提和保证，政府作为公众的代理人，有必要将每一笔预算收入和支出的依据及其来源去向和效果通过预算反映出来。在美国，联邦预算的编制不仅要求落实到内部各单位，还要求细化到各办公室或局，而且各项资金的预算安排都须说明具体的法律依据。我曾经看过 2009 年的香港特区财政预算案文本，共有七大本大 16 开黄色封面的“大书”，最薄的一本是《政府财政预算案拨款条例草案言辞》，共 42 页，而分量最足的三本预算账本达 1150 多页，详细到添置一张桌子、一把座椅、一分钱。预算案全文一字不落地在香港财政预算案网页可以查到，打开网页，预算案言辞、案重点、账本、历年财政预算案，甚至预算案漫画版都一应俱全。只需轻轻点击鼠标，所有的资料和数据历历在目，不怕查不着，就怕嫌麻烦。

我国长期以来在细化预算方面一直有所欠缺，许多人甚至人大代表反映“看不懂”的主要原因，就是预算编制过于粗放，这是直接导致预算监督流于形式的原因。2007 年政府收支科目分类调整后，政府收支科目的设置有所改变，但预算收支科目不够具体的问题依然存在。

我国预算支出科目分为“类”、“款”、“项”、“目”、“节”五级，逐级相连，预算收入有目级科目而支出没有目级科目，节级科目则完全没有体现。由此，科目设置就不能清晰地说明每一笔资金的具体用途。专项支出也未在预算科目设置中详尽体现，通常只按类列出一个预算数，使得部门预算的要求完全无法落到实处。

总之，我国预算的收支分类要进一步细化，要设置必要的目级和节级基础科目，以保证更加详细的预算信息得到反映，而解决这个大问题，还是要倚赖于全国人大开好会，把预算问题作为会议的核心议题去对待，去研讨，去决定，并且以法律的形式固定下来。这是我国人民代表大会制度的真正优势和实际价值之所在。

人民代表大会，中国财政议会也！

民主预算
终结突击花钱

○抢险

民主预算的作用，是给国家的财政体制装上一个“刹车装置”。

按以往财政惯例，财政若发生亏空等于没钱可花，而现代预算法治性质还表明：即使有钱，若缺乏预算依据，还是不能花一分钱。预算是否民主一目了然。

构建民主预算

民主预算的构建是保护纳税人权利、提高财政透明度、维护社会正义、改善政府行政效率、保障社会经济可持续发展的一种特有的制度和运行机制，而“不可抑制的腐败”、“收入分配不公”、“失控的环境污染”、“速度而非质量型的增长”则体现了预算不民主的特征。

在民主预算下，政府的规模和职能范围能保持在一个恰当的水平；民主预算下，政府官员不管有多大权力，都不能在人民头上作威作福，而只能在法治规定的轨道上运用；民主预算下，政府向人民征集资源，政府依法使用资源，预算就是促进绩效和良好治理的工具，而不只是一种资源配置的工具。

一个受到制度约束的政府，其课税权只能来自人民的授予，且只能用于改善国民福利，而不能用来为自己谋福利。如果制度上没有对预算权力的制衡和制约，听任政府机关无限扩展权力，必将导致社会财富的分配不公和财政腐败现象愈演愈烈，以致危及政府的合法性，最终失去人民的支持。

民主预算的作用，就是给国家的预算体制装上这样一个“刹车装置”，用来防止司法部门和官员的独断专权、黑箱操作、贪赃枉法、侵害公众权益等。

由此，“人民的钱袋子”被牢牢地看紧，强大无比的行政权力被关进“笼子”，自行其是的可能性大大降低。这就是民主预算的精神实质。

因此，建立预算的民主程序和法律性质的约束机制，正是整个财政预算体制改革的关键所在。

追问中国预算

中国预算问题的根子，在于用钱的人用着别人的钱，可以不受法律的约束，而钱被别人用的人（纳税人）却无权依法决定和追究自己钱的使用效果，更无力维护自己的权益。

由于缺乏问责和纠错机制，预算常常只是个摆设，政府该怎么收钱还是怎么收钱，不会受到预算的真实约束。由此，中国预算超过十年持续性地以年均18%以上的高速增长，预算偏离度相当高。

也由于预算法缺乏问责和纠错机制，“只讲投入，不管产出”的现象长期存在，公民对政府怎么要钱、怎么花钱几乎没有发言权，即使造成重大损失，也无人为之负责。于是，政府及其官员拼命敛钱、拼命要钱、拼命花钱，预算就越发失控。

2009年底发生的事情能够证明此言不虚。根据财政部公布的数据，7.6万亿元的年度预算支出，其中的2万亿元需要在一个月内完成，尽管国家财政官员多次出来解释其中并不存在突击花钱的问题，但来自公众的质疑声却没有因此而有所减少。

人们要问：一个月之后，这2万亿元是不是都花出去了？花在什么地方了？使用效率如何？民众可从中得到多少益处？有没有个人侵吞行为？等等。

公众的担心并非多余。据来自中央纪委的信息，至2009年11月底，全国自查自纠和重点检查共发现“小金库”22884个，涉及金额101.58亿元。另据审计署对2006年1月至2007年6月全国农村义务教育经费的审计，随意挪用经费的问题相当突出，在审计调查的54个县中，有

46个县有挤占挪用的情况，涉案资金1.15亿元。

而地方财政资金进入预算的比例则低到令人不可思议的程度，有的地方甚至只有1/10。这些远非全貌的信息，让我们更加体会到民主预算缺失的痛苦，也就越发体会到建立以外部控制为特征的民主预算之必要。这不是我们愿意不愿意的问题，而是必须如此。

修订预算法

现代政治所涉及的民意政治、责任政治、透明政治、公民参与政治等议题，都可以在预算中找到对应物。

一般情况下，预算是公共部门惟一有能力对公共利益造成全面、持久和系统损害的领域，而预算法是国家立法机关用来控制和监督政府，将其约束在法治轨道上，使其不过分偏离最广泛公共利益的一整套重要规则。就限制和约束政府而言，除宪法外，很难有哪一部法律堪与预算法相提并论。

中国现行的预算法是从1995年开始施行的，至今已15年没有修订，明显不适应社会经济发展的需要。实际上，这部预算法之“老”，并不在于条款多么陈旧过时，而是民主法治的精神、约束政府的宪政理念未能浸润其中，过多的未经界定的财政支配权力被赋予了行政部门甚至官员本人，各种违法、违规的现象便难以制止，年终突击花钱也就成为总在人们眼前晃悠的老大难问题。

对于一个社会来说，缺乏民主法治的预算运作，代价肯定是巨大的，会导致大量稀缺的公共资源被用于对公共利益意义无多的领域，或用于仅为少数人服务而不是普惠于每一个公民（特别是社会的弱势人群）领域，或因突击花费而难以呈现应有的效益。大量事实表明，目前中国的预算法还无力阻止这些现象的发生，改革势在必行。

修改新预算法不仅要从权力配属上堵塞预算的编制、执行和从始至终的监督和控制缺口，体现它的民主性质；还应该从技术上提高预算资金的拨付速率，避免前少后多的拥堵问题；同时还应在预算的执行过程中建立一种注重结果的绩效考评体系，而不是像以往那样只看预算投入的快慢。

预算法的修订应该是一个开放性而不是封闭性的系统，应该有诚意、有能力吸纳每一个公民参与政府预算的制定和修正过程，为此而设置规范的预算听证制度不可或缺。

把法治精神和良好的治理观念融入预算法的修订过程中，以法律的语言和力量建立起对政府的外部约束和政府的自我约束，才是我们真正需要的预算法。

构建民主预算，思想意识的更新不容忽视。中国长期以来对财税机关的绩效考核，只是税收收入的上缴和预算完成指标，并未建立起对政府征收和使用税款的约束规则，于是纳税人的自由和权利便难以保证，执政者对社会问题的解决总是跟不上新近堆积问题的速度。因此，建立民主预算制度，需在国人大脑中刮上一场级数不低的风暴。

正是由于预算处于国家政治生活的核心地带，如果政府的政治体制改革不能跟预算紧密挂钩，那么这种改革注定不会成功。政治好了，财税才能好；财税好了，政府如何施政人们也才放心。既如此，就让我们埋头学习现代预算学的知识，抬头期待中国公共预算“变好”的那一天吧！

中美个税：孰轻孰重？

当经济发生波动时，美国政府首先考虑的不是如何保住自己的收入，而是稳定纳税人的税负水平，保护他们的利益。

个人所得税制大体分为综合制和分类制，也有把两者结合起来的。综合税制的特点是把纳税人在一年之内的各种来源的所得汇总起来加以计算，税基宽绰，最高边际税率没有必要定得很高，算出的结果能够真实反映一个纳税人的负担能力。而分类所得税制，就是对同一纳税人在一定时期内的各种所得，按其所得的不同来源，将其分为不同类别的所得，对每一类所得按照单独的税率分别计征所得税。分类所得税制计征简便，易于控制源泉，征收管理水平和效率较低的政府比较喜欢它，缺点是不大容易体现公平原则。至目前为止，中美两国各实行其中的一种，美先中后。

老美的算计劲儿

美国的综合税制关键所在是基础税基和应税所得的确定，其计算过程相当复杂。第一步，对个人全部所得进行调整，即排除掉法律规定的不属于课税范围的项目，得出毛所得；第二步，减去交易或经营费用、租金、特许权使用费、资本利亏扣除（最多减 3000 元）以及其他允许扣除的项目，得出调整后的毛所得；第三步，扣除个人和被抚养者的宽免部分以及税法上规定的项目，为应纳税所得额；第四步，

○ “懊晕”项目

把应纳税所得额纳入累进税率表中，看它适应哪一级税率。如此这般计算出来的结果，就是应交纳的个人所得税。

然而事情还没有完，美国税法还为特定阶层的纳税人设立了税收抵免优惠，可以直接从应纳税额中减去。这样七扣八扣步步算下来很是麻烦，但由于该扣除的都一笔笔扣除掉了，也就显得比较公平合理。

早就听说老美做事，凡涉及个人财产权的事儿决不含糊，一个小数点一个小数点地抠，征纳双方皆如此，这一点在计算个人宽免和扣除额时体现得再清楚不过。

美国税法规定，纳税人除了本人享受的宽免之外，还可以为每个符合条件的被抚养者扣除宽免，额度与纳税者本人相同，例如照顾孩子和被抚养者抵免。

美国税法还规定，凡与个人工作有关的费用支出，如雇主未予补偿的差旅费、投资咨询费、工会会费、与受雇有关的教育费、制服费、专业期刊订阅费、税务顾问及律师、会计费、搬家费，甚至雇请牧师的费用、赌博费(以赌博收入为限)等，都包括在可以扣除的项目之内。当纳税人向教会、教育、科学、文化等机构和其他非营利组织捐赠时，只要不超过纳税人调整后毛所得的50%，都可以在税前扣除。从事捐献所发生的电话、邮寄、停车等费，都可以作为减项。当纳税人遭遇灾害，如车祸、失窃、抢劫、火灾、风暴等偶然的和未能预料的损失，都准予扣除。

最能说明问题的是医疗费用扣除，纳税者本人及其配偶、被抚养者等家庭成员的医疗费用都可以扣除，通常看病的大部分费用——诊治费、手术费、验光配镜费、药剂药品费、住院费、保健和事故保险费等等都列在其中。而且没有时间限制。我的一个朋友在美国刚刚参加医疗保险就查出乳腺癌，住院动手术直到痊愈，只花了一点挂号费。此外，纳税人支付的住房贷款利息、投资利息支出在一定范围内也是可以扣除的。

应该说，规定这些扣除的目的主要是追求税收的公平，例如勤劳所得抵免就是为了减轻低收入者的负担。值得注意的是，勤劳所得抵免是返还性的，即使纳税人没有达到纳税标准，也可以拿到一笔相当于该项抵免额的退税，相当于一种负所得税。不能不承认，由纳税人民意代表审定、推行的个税制度为本群体想得真够周到。

美国个人所得税的税率表不是一个，而是四个，分别适用于单身个人、户主、联合申报的已婚者以及单独申报的已婚者，实行六级超额累进，最高边际税率为3。这是一种相对合理的税级和税率设计。

美国个税是按家庭、按年度计算征收的，纳税人缴纳的税款额度是由自己核定的，每年一次。由于制度比较成熟，税收机关征税方便，征收成本低，征税面广。

美国个税在征收时还考虑到通货膨胀的因素，采用了“指数化”的方法，即每年根据物价指数调整一次标准扣除额、个人宽免额以及累进税率的边际级距。如果物价上涨剧烈，扣除额等会随之有较大幅度的提升。也就是说，当经济发生波动时，美国政府首先考虑的不是如何保住自己的财政收入，而是稳定纳税人的税负水平，保护纳税人的权益。

中国个税还待完善

个税在我国发展很快，许多地方已经成为继营业税之后的第二大税种，但在这个税种的税制结构的完善上，十几年来却一直进步不大。若拿中美两国的个人所得税制作个比较，肯定对我们不利：我们实行的不是综合所得税制，而是分类所得税制，将纳税人所得分成工资、薪金所得、稿酬所得、特许权使用费所得等11个类别，相当于我们有11种个人所得税。由于分类税制不能全面反映纳税人的真实应纳税所得的水平，容易造成应税所得来源多、综合收入高的纳税人不缴税或少缴税，而应税所得来源少、收入相对集中的纳税人多缴税的现象。

个人所得税征收的常识是：第一，不能征及属于公民为维持个人基本生活所必需支出的部分；第二，应考虑公民享受经济社会发展成果的因素；第三，好的个人所得税，客观上有调节不同收入阶层之间的收入水平的功用。显然，这几方面美国人干得都不错，那么细致认真地设计宽免额和扣除标准，就是不使贫弱者多纳税，也只有这样，才有追求社会公平的可能性。

我国个税虽实行了 30 多年，它的主要功能仍是为政府筹集财政收入，公平不是它主要的价值取向，因此对收入分配的作用基本上为零，甚至起反方向作用。据对五个省的社会调查，高收入者所承担的税负与其收入水平完全不匹配。对这部分人，个税不仅没有缩小整体收入差距，反而起了拉大这个差距的作用。

在我国，不同地区的经济发展水平存在着巨大差异，而个税的“起征点”，即免征额，是不分中部西部、无论哪个“线”的城市，标准是完全一样的。2000 元收入在中西部一些地方或许可以成为高收入者，在北京、上海这样的超大城市，也就是将就着解决个温饱，它们之间的免征额怎么能完全相同呢？这个账连小学生也算得过来。

免征额标准其实是个税改革中最简单的问题，在我们这里却变的很复杂。我国实行的是总收入减去固定的扣除部分作为应纳税所得额的计税办法，标准规定得过于粗略简单。纳税人赡养人口、子女抚养及教育、医疗费用、住房购置费用等因素统统未予考虑，也没有按最低生活水平线抵扣个人所得税。这些大头费用，过去很多都是有政府承担的，现在都转由个人承担了，那么，政府就应当把这笔钱留给个人，在税前予以扣除。可是，我们没有这样做。以住房改革为例，由于政府取消了福利分房政策，居民就需要支付一笔数额相当大的费用来购买住房，可是人们的这项消费支出并没有被计入免征额之内。

税负轻重是比较出来的

《福布斯》说中国百姓的税负比美国还“痛”，很多人不服，某部委领导不就出来“痛斥”了吗？其实轻与重是相对的，不公平的税负对于勉强交纳它的人来说就是过重。特别是个人所得税，涉及公民私有财产的增减，更要做到公平公正、合理合情，否则将直接给纳税人造成沉重负担。因为在各税种里，个税属于直接税，不比增值税、营业税之类的间接税，商家是可以通过抬高价格而间接转嫁给最终消费者。

中国个税税负是轻是重，我们自己也有统计。中国青年报社会调查中心与新浪网新闻中心曾就个人所得税问题联合开展一项调查。在3698名参与者中，有97%的人认为目前的个税税负过重，“起征点”过低，还有同等比例的人期待能尽快将其调高。民意汹涌，今日更甚，“痛斥”再严厉，能有多大意义呢？

目前个人所得税之重已成街头巷尾人们热议的话题，作者近日参加会议，学者们在抱怨税重的声儿也不小。因此觉得有必要善意提醒决策者一下：通货膨胀条件下，个人所得税的征收如税率、扣除额等不要保持在固定的水平上一成不变，因此有的家庭可能不得不用维持基本生活所必需的费用支出来纳税，会导致难以预料的后果。这是有前车之鉴的。

又到年终突击花钱时

难怪代表们对预算议题漫不经心，因为就是“经心”了也没什么用。

去年临近年终时的“突击花钱门”，着实让朝野上下震动了一下，尽管有财政部官员出面解释并无“突击”事，但民间的质疑声并未稍减：一个月时间两万亿，花得出去吗？花在哪里？效果如何？谁做评价？谁来负责？

人们的担心是有理由的，日子本不是这么个过法儿。过去有钱的“大宅门”每逢年终，老太爷还要汇集一大家子人，把全年的收支账目说道上一番：做买卖赚了多少钱，佃户交了多少租，二太太置衣裳花了多少银子，大小姐吃药得多大的花销，等等。治国也是一个道理，只是规矩应该更加严格。有了预算，政府才可以征税，各种开支才能下账报销。

预算属于国民收入的二次分配，决定着政府活动的范围和方式，直接涉及亿万民众的福祉。预算安排恰当，国民可享受高水平的福利，贫富差距就不会太大，社会的和谐度就高。反过来，预算安排欠妥当，社会就会出问题。

长期以来，我国财政资源“错配”的问题相当严重，该收的钱税没有收（如财富保有环节），不该收的钱（如乱收费）却没少得；该花的钱没有花，不该花的钱却大笔支出去了，这正是政府机构持续膨胀、公共服务提供不足的原因。2008 年底出台的密集刺激政策，说是以扩大国内居民消费需求为主要目的，但主要去向还是“铁公基”，甚至流向股楼两市，不仅造成资源的巨大浪费，还给以后的调控带来麻烦。试想，如果数万亿元资金投下去，经济结构不合理依然，产能过剩依然，社会贫富差距依然，民间投资和消费热度不高依然，公私两界模糊依然，如是，纳税人的这一大笔银子花得是不是有点冤？

由于缺乏预算约束，我国公共投资在总体上有挤占私人投资和消费的倾向，特别是生产性的公共投资，成为挤占私人投资空间的主要

○又到年终杀猪时

因素，诸如“上学难”、“看病难”、“公共设施即建即废”等问题非但没有减轻，反而有加重的趋势。1995年时，俄罗斯人的生活水平远没有中国人高，可是现在他们的收入翻了5倍，生活水平是中国的3倍。印度、巴西的增长速度也赶不上中国，而其生活水平却是中国的两倍。对此，国人再不表示一下困惑，非被别国人看成傻子不可。

也是由于缺乏预算约束，大量政府性资金至今还游离于预算之外，隐瞒收支、私设小金库、账外设账等违规行为绵延不绝，贪腐行为屡禁不绝，其所造成的资源损失无可计数。启动于20世纪90年代中后期的“税费改革”依然乏善可陈，那些倚赖预算外资金谋取利益的部门和单位，为维护自家对财税的自由裁量权而显示出的内在冲动，令强大的中央权威也对其奈何不得。这一切，应该是一个缺少宪法和预算法的国家才有的现象，在我们这儿却成常态。

我国的预算年度是1月1日至12月31日，可是人大开大会却在3月份，我们这么大的国家，竟有三个月之久没有预算约束。每年“两会”，审议预算报告不过半天时间，草草收场。难怪代表对预算议题漫不经心，因为就是“经心”了也没什么用。

预算关注的重点不只是它的编制和执行过程，也包括是它的结果，而我国以往的预算却只注重资源的投入的投向和投量，从未认真衡量过它的产出水平，也从未规定过产出目标和应达到的效果，必然导致政府部门拼命要钱，也拼命“造钱”的现象。

是该结束这种不正常局面的时候了。借“十二五”规划的实施，应大力提升人民代表大会预算审定、监督职能以及预算的法治化水平，依据预算评价体系做出准确的分析测评并向社会随时公布，还应积极回应和迎接民众对预算的质疑和主动参与等等，这样才能重新赢得公众的信任和支持，改善我国财政资源效率低下等老大难问题。

但愿，今年别再有年终突击花钱的事儿发生，就是一时免不了，数儿也别太大，看着眼晕。

2011：强拆终结之年？

○祸从天降

税收正义是税收在宪法层面上的理解，在位次上高于税收“三性”，即强制性、无偿性和固定性。

把2010年定义为拆迁之年恐怕不会有太大的争议，因为太多的社会矛盾和利益关系与其纠结。4月13日，延庆自由街村，因强拆发生激烈冲突，有人手持灭火器向居民房内喷射干粉，后来事主为感谢前来救助的乡亲竟当街下跪。强拆令自由街上无自由。5月10日，福建永春，一位91岁的老人喝农药自杀。老人生前身体很好，住在二女儿家，死前在女儿的房间里停了一会儿，然后回到自己的房间，把全家的照片放在柜子上，喝农药自杀。9月，江西宜黄发生拆迁自焚事件，酿成两人重伤、一人死亡的恶性事件。南昌街头，钟如九等5名家属被强行押上大巴，被目击者用手机拍下震撼人心的一幕。临近年终，又发生震惊世界的“乐清蒲岐镇寨桥村钱云会命案”，疑云密布，村里村外，到处游动着人们惶惑的眼神。

这类人间惨剧在刚刚过去的一年中发生过多少次，这么大的国家，寻常人等已经弄不清了。令人悲伤的是，几乎整个社会，对这类血淋淋事件显示出的，只不过是短暂的愤怒和无奈。人们的心灵变得麻木，除了当事人家属的哭泣和少数良知媒体的艰难报道外，听不到多少官员和学者的声音，这也是悲剧一再发生至今而无停止迹象的原因。

激烈的强拆行动能够持续数年而至今不停，绝对还有更深层的原因。这个原因中的原因，简单地说，就是盘根错节的中央与地方的财政资源配置关系。

20世纪80年代，邓小平的“减税让利”改革曾使地方政府财政相当充裕，一度占到78%左右。地方政府用这个钱补偿“文革”欠账，社会公共服务业普遍做得不错，所以80年代被称为中国人心情最舒展的时期。这种资源配置格局本来是建立市场化改革最需要的分权体制的极好机会，却与中国传统的集权体制发生了矛盾。中央政府显然无法忍受自家穷、地方富的局面。当时街面上的流行词“诸侯经济”，正是中央要动手收拾局面的预兆。

到 20 世纪 90 年代前期，中央政府为了解决两个比重（即财政收入占 GDP 比重和中央财政收入占整个财政收入比重）过低，进行了分税制改革，实际上是中央政府回收财权、财力的过程。经过一番制度洗牌，中央收入占整个财政收入的比重重新回到主导的地位，达到 75%–80%，地方政府收入直线下降。历经 10 余年的分权改革，遗憾地画上了句号。中国从此重回集权老路。

问题在于，中央上收了财权，并未同时上收公共服务的责任，地方政府财政收入急剧减少，然而，其与民众之间“零距离”的性质，却决定着它承担公共服务责任在不断增加，这就导致了地方财政出现巨大亏空。在短期经济增长无法提供充足税源，而中央转移支付又一时指望不上的情况下，预算外、体制外等非税收入便成了地方财政的重要来源，而卖地，便成为其中最有效、最便捷的手段。这就是“土地财政”的由来。

从此，地方政府便把自己的利益牢牢地拴在了土地财政上，财政来源中土地出让收入达到相当高的比例，有的竟达到 50% 甚至 60%，但给被拆民众的经济补偿却相对不足，部分地方官员的态度蛮横。据对大连市的调查，1993 年到 2007 年，拆迁补偿率由最初的 80% 下降到现在的不到 20%。另一个数据是，拆迁补偿率普遍的低于市场价格。当初还能做到按照市场价规定补偿率，现在也做不到了。地方政府与民众的日益对立，就是从这个问题上开始的，恶性事件愈演愈烈，为 1949 年以来所罕见。

中国苦苦追求 GDP，不只是为了全民福祉或上级施加压力，还因为各级政府在此埋金。楼市下来了，影响的首先是政府收入，它不得不较真，所以当不祥迹象露头时，政府救市比谁都急。有人把中国经济比作一辆正在下坡的自行车，停下来就倒了。所以中国宣布2012年继续积极的财政政策，继续追求高增长率，但迅速分化的利益关系又迫使决策者不得不考虑民生问题，缓解已然激化的社会矛盾，两相兼顾，确实是一件非常困难的事。但不管怎样，民生都得摆在上位。所谓公平与效率的关系，过去一直效率为先，今后就得考虑以公平为先了，至少在再分配环节，它将被作为一个原则来遵行。

如果我们还是一个正常的健康发展的社会，如果公平正义还没有远去，就不能再允许强拆事件继续发生；如果想扑灭强拆之火，除了凭良知制定好“新拆迁条例”外，更重要的，还得从体制入手，改革财政资源的配置关系，修复政府与人民之间已被肆意破坏了的关系。

所谓财税改革，我想至少以下几条不能少：

第一，不管税制怎么改，不能造成纳税人整体税负加重，如果让人民感到自己承担的税负在加重，像物业税之类的直接税便很难获得纳税人的理解和配合，地方政府、税务部门就很难操作，原本就很对立的官民关系就会雪上加霜。

第二，政府应努力承担起自己应尽的职责，向社会提供优质的公共服务，这件事比傻追GDP有意义得多。眼下最紧迫的就是居者有其屋，保证低收入者有房可住，做不好这件事就是失职，就是纳税人的钱用错了地方。学界所谓“财权、事权相匹配”，是个并不严谨的说法，因为权力和权力是不能匹配的，它只能和责任相匹配，所以应是责任和财权的对应，支出责任来自国家宪法和法律的确认，财权的获得来自于公民及其代议机构的同意和依法定程序之授权。依照财权范围配属的财力也只能用在公共服务上，而不能用于自我培植权力。

第三，决定税收问题不能再绕开法治程序。改革开放已30年，中国的体制应稳定运行在民主法治的轨道上了。人民的意愿须通过各种渠道如听证、质询、问责等程序反映出来，任何人不得遮蔽，政府要给予积极回应，官民互动，良性契合，中国的土地财政和房地产市场诸问题的解决才有希望可言。

第四，无论物业税还是房产税，正义不可缺失，如果缺失了，我们宁可不要那个税。税收的公平正义是税制改革的前提规范。无论哪一级政府的财政收入，都只能来自于法定的税收和纳税人认可的非税征收，并且所有收入的使用都必须列入公共预算收支表中，公开、透明地公示于众。

第五，也是最重要的，是推进“半截子分税制”继续改革，中央政府不要把大部分钱揽在自己怀里，而是要更多地分给直接向社会提供服务的地方，用法律划定央、地的权力边界，这样做了以后，中国就不要、也不能再发生中央干预地方事务的事情发生。

从税理上说，税收的基石是分配正义，它至少包括征税权力的合法性来源、纳税人权利、公民财产权先于征税权而存在等。税收正义是税收在宪法层面的基本原则，在位次上要高于对税收的强制性、固定性和无偿性的强调。

财政治理权和财政权不是一回事，现在通常拿前者当做后者，忽视了人民对财政资源的所有权和统治权。而这种忽视，本身就意味着缺乏对财政治理权的制约。花钱的权利得不到外力的有效制约，于是人民也就难以充分享受到经济发展的成果。事实上，人民对财政资源的所有权和统治权，加上政府对财政税收的治理权两者结合，才构成完整的财政权。

2011 年应该是强拆民居的终结之年。今后，不管是谁，不管有多么充分的理由，不要再强拆百姓的房子了，不要再逼着别人上吊自焚了，不要再黑白颠倒拿着不是当理说了，不要再把自己摆在与民众利益相对立的位置上了。

行，还是不行？注定不会平静的 2011，要给出合格的答案。

请送上一部“透明”的预算

有意遮蔽公共信息，跟贪污钱财没有什么两样，都是对公共资源的非法侵吞。

一年一度的“两会”即将召开，一年一审的预算草案又摊在代表委员面前，财政透明度之类的老问题又浮上水面——又会有人说预算过于复杂、看不懂，又会有人恼羞成怒抛出“老百姓为什么不公开”之类的气话，总之，一幕幕热闹的戏剧又会在三月份上演。这不奇怪，财政预算因涉及每个人的利益而不可能不备受关注，就像人们关心小区如何收取和使用物业费一般。毕竟时代变了，人民的权利意识正在逐渐觉醒，挡是挡不住的，过去那种闭塞即可治国的“好时光”，怕是永远也回不来了。

任何政治权力都必须首先向世人自证清白，实行权力运作的透明化，才能增加公民对政府的信任感，才能提高行政效率、构建和谐社会，才能在更高层次、更大范围内参与国际竞争与合作。如政府预算如果不公开、不透明、不受审查、不可议论，就难以得到立法机构和社会公众的有效监督，腐败的危险、公共资源被滥用的危险就会大大增加，如今这已是妇孺皆知的粗浅道理了。

粗浅归粗浅，权利运作透明实现起来并不容易。国际上最具影响力的反腐败国际组织——“透明国际”公布的2009年全球国家清廉指数排名中，索马里、阿富汗排名垫底，新西兰最廉洁，得分9.4。中国得分 3.6，排在第 79 位，与布基纳法索、斯威士兰、特立尼达和多巴哥这些在世界政经体系中跟中国根本不属于一个当量级别的国家并列齐名。

在所有的政府行为里，预算透明是检验行政效率的一个最重要的因子。缺乏预算的控制和监督，公共部门便极有可能出现耗费纳税人

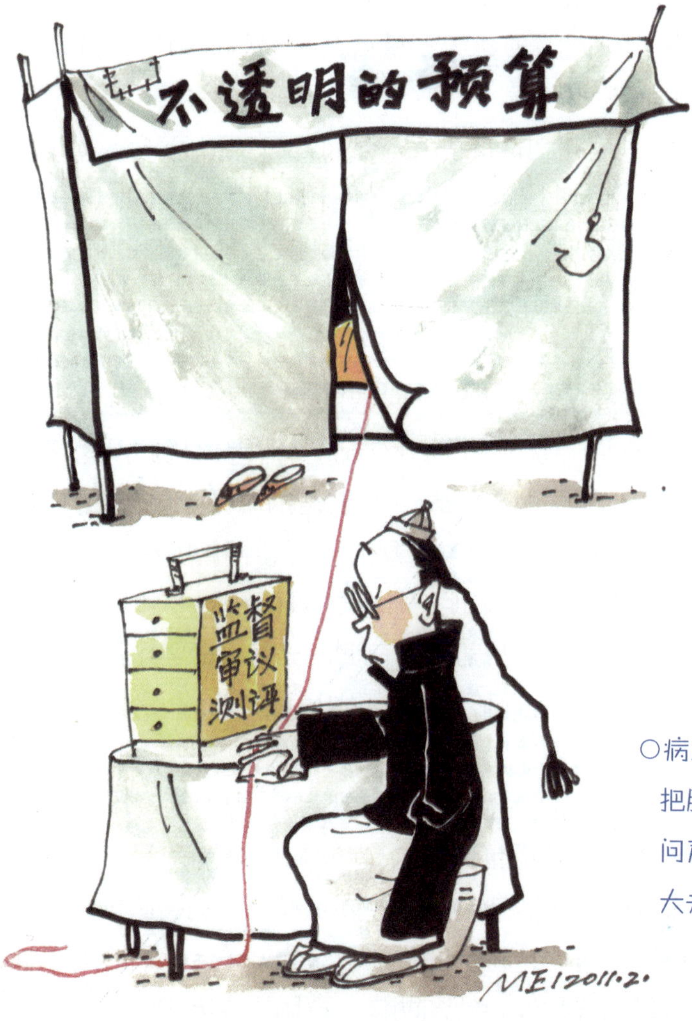

○病人就医不露面，
把脉只许摸红线。
问声大夫吃啥药？
大夫回应："您随便"。

的钱财越来越多，而服务质量不断下降的情形。人们看到，面对公众日益强烈的需求，公共部门的回应常常显得迟钝，他们一只手向民间无休止地攫取资源，另一只手却把资财更多地运用到自己的身上，结果是，人民不得不供养一个越来越臃肿而低效的政府，虽承受沉重负担，却无法享受优质的公共服务。这种情形，在西方国家历史上曾多次出现，所以这也是它们极重视构建阳光预算的主要原因，这几年我们尝试的一些预算制度改革，如部门预算、零基预算、绩效预算等，几乎都是照葫芦画瓢的“舶来品”。

在过度集权和缺乏约束的体制下，政府及其官员无须认真地证明财政支出的合理性和正当性，也可以不受资源使用结果的影响，照样可以从民间不断地抽取资源，甚至会有人把财政当作自家的“体己钱”，随心所欲地加以耗费，超标准招待、公款旅游、公车消费、楼堂馆所建设等成为久治不愈的顽症。因此，缺乏约束的预算等于赋予公权力的执掌者以永久性的特权。多少年来腐败成为难以治愈的顽症，应该说不是高层领导不重视，也不是惩治不严厉，只因为我们没有建立起规范的和得到严格执行的法治化预算，这才是所有问题的根源之所在。

预算必须依法接受立法机构与公众的监督，预算的编制、审议、执行和测评结果应该全部公开透明，让广大公民及时了解预算各个环节的争议情况及利害关系。行政部门只有把自己的预算需求及时告知，才有可能得到广泛的社会认同和支持，是更有利于而不是有害于预算效率的实现。

强大的行政权力可能成为预算透明的障碍，因为预算本身就是为了限制政府的规模和职能范围而设的。必须弱化以致完全取消公共部门的信息特权，真实而完整地向全体国民展示其统计的财政预算数据。必须树立这样的观念：信息与其他领域或产品一样，也不能搞垄断。有意遮蔽信息，跟贪污钱财没有什么两样。套用托克维尔的一句话说，遮蔽、丧失、涂抹真实，我们的心灵便只会在黑暗中行走。

三十六条不如一条

○锤子 · 剪子 · 布

企业不需要太多的社会责任感，它需要的是市场理性、法治观念和诚信度。

果然不出所料，“新36条”（《国务院关于鼓励和引导民间投资健康发展的若干意见》）出炉一年以来，未能避免重蹈“老36条”覆辙的命运，充分发挥出其应有的效力来。如今看，国企还是不可阻挡的强，民企还是不禁风雨的弱。特别是广大小、微企业，仍然没有得到理想的空间和助力，贷款难的问题没有丝毫缓解，成本高昂迫使其成批倒闭。在温州等地区，如媒体所报道的，“钱荒”在日益蔓延，困难程度甚或超过2008年。

由于长期追求GDP高增长，我国产业过分集中于制造业、资本密集型产业，创造就业的能力较低。据统计，每投资100万元可提供的就业岗位，重工业400个，轻工业700个，以服务业为主的第三产业1000个。目前中国制造业占GDP 50%以上，但其带来的就业仅占劳动人口的25%。所以，仅从就业需要来看，就必须放弃单纯依靠发展制造业解决就业的思路。第三产业发展起来了，也许有5%的增长率就可以实现比较充分的就业，而发展服务业的主力军是广大的中小民营企业。

但是，在我国中小企业，特别是小、微企业并没有获得应有的社会地位和足够的尊重，常被视为劳动关系紧张的罪魁。普遍的垄断和管制，使融资难的问题至今没有根本改变。振兴十大产业规划的数百亿元技改项目大部分流向国有大企业，小企业只是“旁观者”。据我的课题组在西安市的调查，当地民营企业反映税负沉重，难以承受，一种普遍的焦虑感在企业家中间蔓延。这种情况也得到当地税务官员的确认。

现在很多人在讲企业的社会责任，潜台词是企业唯利是图，无视社会公共利益。这是一种认识上的误区。在市场经济中，企业的责任就是盈利，这一点无可厚非，且与社会公众之间并无根本性的冲突。企业为盈利必须首先了解市场需求、社会公众的选择，而利润就是社会投给企业的信任票和嘉奖。利润越多，说明承认它的民众越多，它对社会的贡献也就越大。企业不需要太多的社会责任感，它需要的是市场理性、法治观念和高度的诚信。今后，我们应树立这样的观念：中小企业、民营企业的发展并不代表着落后，而是先进经济的象征。中小企业关系着国家命运，扶持中小企业，就是在帮助中国最底层的劳动者。只有全社会形成尊重民营企业家和民间技术创新的风气，大力改善民营经济的生存环境，我们的经济才有可能保持发展的动力，永不衰竭。

我国目前仍实行以商品税为主体的税制结构，增值税的缺点是过度依赖对新创价值的课税，无助于鼓励民间投资，而营业税则无助于企业技术创新和现代服务业及物流业的发展。另外，现行税制比较忽视对资产增值的课税，部分主体税种存在税率偏高、税制设计不够公平的问题。所以，应合理确定企业的税收负担，为民营企业的创业和发展创造宽松的环境。应继续推进增值税、营业税、消费税的改革，消除其妨碍投资和创业的因素。应认真执行“结构性减税”政策，如对“小规模纳税人”可以考虑实行完全免征增值税的政策，这在国际上有先例可循。应合理确定我国的宏观税负标准，保持政府的规模维持在较为适当的水平上。我国政府每年掌控的财政收入以占 GDP 的 20%或稍高一点为宜，如有明显超出的趋势，应通过预算控制机制予以限制。未来的中国税制，应当是一种同时具有激励企业和个人创业、革新和发展，有利于提高纳税人权利意识，同时税负相对较轻的新型税收组合。

除了上面谈到的激励和保护中小企业发展的措施，我国的信贷政策结构也需做出调整。应从以总量扩张为基本特征转向信贷结构优化的方向，从信贷和金融资源倾向于国有企业转向支持民间创业和发展的方向。应打破行政垄断，解除金融管制，放宽行业准入界限，从根本上解决小企业融资难的问题。应进一步拓展民间资本的投资领域，减少对中小企业的干预，好好看住那些腐败分子，不让他们利用手中的权力对中小企业进行敲诈勒索。

上述内容涉及现行经济发展模式的转换问题，与整个国家的现状和未来关系甚大。退一步说，即使我们一时难以做到推出一个新模式，经过上述努力，至少也可以防止旧模式固化于我们的经济生活中。经济学的普世价值，即市场经济和自由贸易，我们必须坚定不移地秉持。世界金融危机之后有迹象表明，我们对这一关键之点的认识有所动摇，这是危险的，不可任这种思潮任意蔓延。

总之，政府今后应长期实行修养生息、还权于民、还富于民的政策，减少或放宽税费征收，接受民间议政和舆论监督，扶持民间经济的发展，从此再也不要与民争利。我们需要的是一个充分尊重市场规则的政府，36条不如这一条，足够我们学、用许多年。

征税勿阻 国民经济血脉畅通

○生压硬挤下手重，
强行取蛋难活命。
除非死了才拉到，
只要不死他就弄！

适当的税收政策可视为政府与物流企业之间的一笔交易，这笔账怎么算都合适。

1970年的一天，日本早稻田大学西泽修教授在观看影片《第三个男人》时突发灵感，创造出了一个“第三利润源”的概念。他解释说，在日语里，“第三”隐有“未知”的含义，所以很自然地把降低物流成本与“未知的第三利润源”联系起来思考。这个著名的物流理论的发明不仅推动了当时日本物流业的发展，也在我国及亚太地区产生了重要影响。

如果我们把国民经济运行形容为一个健康的人体，物流业就是遍布周身的血脉，须时刻保持畅通无阻。这一点，社会经济发展的现实早就给出了明确的答案。1993年的时候，我国每单位GDP产出需要1.5个单位的社会物流总额来支持，到2009年，每单位GDP产出已经需要288个单位的社会物流总额支持，才能维持经济的正常增长了。发展物流业不仅可以提高服务业在国民经济中的地位，还可以带动批发零售业、餐饮业、房地产业、信息业的发展，有利于优化我国的产业结构。此外，物流行业的发展还可大量吸纳劳动力。据专家测算，物流业增加值每增长一个百分点，可制造出10万个就业岗位。以上几个简单的数据，足以证明物流业于一国经济发展有多么重要了。

但我国业界却一直流传着物流难干的说法，我找来一些数据稍加分析，果真如此。2009年，我国全国社会物流总费用达到6.08万亿元，同比增长7.2%，与GDP的比率为18.1%。远远高于发达国家平均10%的水平。物流业在周转速度、服务水平和效率方面也有较大差距，中国企业平均库存51天，约为欧洲企业库存水平的6倍；每万元GDP产生的运输量为4972吨公里，而美国和日本分别为870吨公里和700

吨公里。也就是说，我国每生产 1 万元人民币的 GDP，就相当于在 1 公里的距离上运送 4972 吨物资，而美国和日本则只须在同等 GDP、同等距离上运送 870 吨和 700 吨物资，这说明美、日的效率是我们的 5.7 倍和 7.1 倍。

物流成本过高的原因，在于物流管理机制不够完善，其中税收政策不尽妥当又是主要原因。目前我国整个服务业行业执行的是 5%的营业税，听上去并不很重，可它是全额征收，不比增值税，只就流转额的增值部分征税，有进项税额可以抵免，所以虽同为承负流转税，服务业比工业企业的税要重。且多年来，我国营业税一直存在着重复征税、出口不退税、与增值税重复征收等问题，物流业便是现行营业税的“受害者”之一。据专家提供的信息，北京市 1999~2004 年间服务业营业税实际税率每年高出规模以上工业企业增值税实际税率 1.5~2 个百分点。本来作为服务业，其税负应该是比全部产业平均水平要低，我国的实际情况却截然相反。中国物资储运协会秘书长刘洪波在荷兰考察时发现，当地的仓储企业只缴纳一种税，利润在 60 万欧元以下的企业可以不缴纳任何税费。显然，发达国家服务业的税负比我们低。

发展物流业，税收思维应该有所更新。目前急切要做的，是先将物流业的营业税税率统一调整在一个较低的水平上，比如统一下调到运输业的 3%上，这样就可在一定程度上起到缓解物流行业税负不均衡的问题。

目前开具运输发票有限定资格的规定，如需要拥有自备车辆，且必须达到一定数量和吨位等，也在一定程度上限制着物流业务的发展。正确的做法是，放宽相关限制，将开票试点扩大到所有符合条件的物流企业，允许自备运输工具不足，但已有一定规模的物流企业开具运输发票以抵扣增值税进项税额。等到将来时机成熟时，应当取消针对物流业的营业税，改为相对比较中性的增值税，实行全国统一的物流专用发票制度。

物流企业属于微利企业，融资费用和资本支出比重大于一般企业，特别是现代物流产业，已经与传统物流业完全不同，需要大量的技术和与之相配套的硬件设备的投入。因此，应当考虑对物流企业购置电脑系统技术、通信技术及设备实行增值税进项税款抵扣，物流企业的进口设备及技术，也应该可以享受减免关税和进口环节增值税的优惠。

话说回来，适当的税收政策实际上也可视为与物流企业之间进行的一笔交易：表面上看，政府有所付出——短时间内税额下降，物流企业可多留利，但企业家们是不会把所得利润随意耗费掉的，况且政府也可用制度指定企业留利之用途，如企业设备更新、技术改造等。等到物流业真的依靠“第三利润源”发达了，日益壮大的产值会给国家财政带来更加丰厚的税源。这笔账政府无论怎么算都合适，关键看决策者有没有这样的远见卓识了。

博爱是获取成功的另一层奥秘

○大爱无疆

战争已经结束，苦难仍会伴随人类远行，唯有爱是永存的。

第二次世界大战前，一名犹太人住进了一群德国邻居中间，他为人谦和，总是微笑着向遇到的每一个人问好，主动给他们让路，天天如此。他的德国邻居们大多也礼貌地向他点头回应。但其中有一个德国人，也许是天生讨厌犹太人，对他的主动问好从来不予理睬，以一种眼前似乎不存在任何人的无礼和傲慢对待他。犹太人并不在意，见到时还是坚持向他问好，对着他微笑，从未有所改变。就这样，几年时间过去了。

后来，这个犹太人不幸被纳粹抓了起来。一天，他和一群和他有一样遭遇的犹太人被集中在广场上，决定生死的时刻降临了。一名纳粹军官走过来，审视着站在他面前的每一个犹太人，然后缓缓地举起他的手臂。他举左手，几名士兵立刻冲上来把那个可怜的人拉出去，就地枪决；他举右手，那个犹太人便被带到一边等候发落。定睛看时，犹太人突然发现，这位杀人不眨眼的恶魔竟是自己的邻居，就是那个从来对他的善意置之不理的德国邻居！

他绝望地闭上眼睛，他知道，等待他的必定是任人宰割的命运。

纳粹军官——他的德国邻居终于走到了他面前，望着他的面孔，凝视着他的眼睛。漫长的煎熬，像是过了整整一年。终于，手臂缓缓地举起来了。

一刹那，犹太人几乎不敢相信自己的眼睛，那只举起的手臂——竟是右手！

数年的示好，竟然是在这样的时刻得到这样的回报。

犹太人就这样得救了。后来，他一直坚持着，直到战争结束，瘦骨嶙峋地走出了集中营，但毕竟活了下来。

听过这故事，好一阵长吁短叹。在那个动荡不安的年代，法西斯像恶魔一样对占领区的犹太人赶尽杀绝，“左手是死亡，右手是生存”，看似“静悄悄”的场面给了我们的震撼绝对不亚于一场机枪扫射、血流成河、哭天喊地的大屠杀。而那些任意残害别人生命的人，其实就是自己平时低头不见抬头见的街坊邻居，一夜之间翻脸变成了杀人不眨眼的刽子手。

当政治狂飙袭来的时候，也是人性恶大爆发的时候，如福柯所说的大众集体暴力倾向：“你只要想想一个人在纳粹政权底下，只要他是个党卫军人，或者签名加入国社党就能获得的权力吧！在现实中，你就可以任意杀害你的邻居，强占他的太太、房子。……权力最为人所厌恶、所憎恨的（但在某种意义上也是最令人陶醉、沉迷的）部分，是被赋予了相当多数的民众。”

那个极度讨厌犹太人的德国人，怎么可能在紧要关头“良心发现”，挽救他的犹太邻居呢？那犹太人表现出了什么了不起的精神，让一个顽固坚硬如石的家伙也被感化呢？

犹太哲人说：“谁是最强大的人？化敌为友的人”；人要“爱邻如爱己”。这是他们的亘古不变的信条。这种超凡的精神来自于犹太人处世哲学中的“博爱意识”。人类是同一祖先繁衍下来的，因此，每一个人都要爱整个人类，人与人之间应该互相帮助。在犹太人心目中，爱是无条件的、普遍的爱。四海之内，皆兄弟也。谅解和接受曾经伤害过你的人，才是最好的待人之道，才能得到希望中的回报。犹太拉比高度赞美那些“受到侮辱却不侮辱别人，听到诽谤却不反击”的人。作为一种非理性因素，“爱”比“平等”更能表达犹太教中人与人之间的亲和力和凝聚力。

没有人否认，犹太民族是世界上最智慧的民族之一。英国哲学家维特根斯坦说：“在犹太民族那片不毛之地上，在其薄薄的石层底下，流淌着犹太精神和智慧的泉水。”在长期的漂泊生活中，所有的饥饿、杀戮和屈辱都被这个坚韧、伟大的民族一一化解，他们以自己卓越于其他民族的聪明智慧充实着人类自然科学和社会科学的内涵，他们用真诚和爱支起一片阳光下的丽日晴空，走向充满希望的未来。

这个普通人在充满敌意和荒谬的世界中挣扎，在没有人性的年代中努力寻找人性的光芒的超道德故事，揭示了人类良知在任何境况下都不会完全泯灭的道理，进而印证了犹太文化所宣示的博爱精神的伟大，也揭示了犹太人经商成功之处，除坚定的契约观、诚信观、营销观、责任感等之外的另一层奥秘。对于历来信息闭塞和缺少独立品格的中国人来说，还有一点也许更加重要，即无论遇到多大的压力和危险，都应当坚定地站在道德和正义的一边。

战争已经结束，苦难仍将伴随人类远行，唯有爱是永存的。请谨记古老的希伯来经文：

“保持博爱之心”；

“爱你自己，也爱你的邻居”。

物流成本与交易费用

○道高一尺　魔高一丈

社会的交易费用过高，人们就会减少交易的次数，甚至不再进行交易，就是对市场机制的破坏。

最近一段时间以来，央视和国内多家媒体不约而同地聚焦于物流业，而它又因学界、业内人士和消费者的踊跃参与而迅速成为热点问题，遮蔽已久的物流黑幕正在一点点地被人们揭开。我在这里仅采择几例，相信就足以令人触目惊心了：

……上午10点左右，记者乘坐一辆运送建筑材料的面包车经过济南市零点立交桥，被交通局稽查人员截住了。因为人货混装，他们需要接受3万～10万元罚款，可是，司机小刘这一趟运输的货物价值才值100元，这辆面包车不过值两万元。

……路难行、车难停，是采访中所有司机面临的困境，通行证成了紧俏资源，但是没有门路也根本办不了。货车司机告诉记者，按规定通行证每三个月换一次，但是基本上办不下来。去年他办货运通行证托了关系，每个季度要花费1000多元。今年的行情又涨了将近1000元，算下来一年仅通行证就要花将近一万块钱，还不包括托人情的开销。

……每一辆上路的车都知道超载超限不对，而且他们也知道上路之后面临的遭遇就是被罚款，但依然要上路，为什么还会这样做？中国物流与采购联合会协会的副会长崔忠付解释说，目前我国物流企业的运行成本太高，特别是公路运输，油品的价格持续上涨，占到成本的40%，各种过桥过路费占到30%，如果不超载，企业基本上就没钱可赚。问题是，你罚钱他就更超载，因为他要把罚款赚回来，于是越罚越超，越超越罚，形成恶性循环。长春市一家整车运输的企业，一年交纳罚款达到7600万元，上海市的一家企业则达到4800万元。很多企业，罚款已经成为其固定成本。

我国对物流运输设限围堵，而很多同样面临交通拥堵困扰的国家和地区，对货车进城采取的管理措施就大不一样。如东京，虽然对私车控制也很严，但对物流配送的货车却大开绿灯。不少大型商业区的规划也从建设之初就考虑了方便货物流通的因素。货运车作为城市的公共交通，和公交车一样享受财政补贴。所有配送车辆，特别是市民生活必需品，可以占用公交专用车道。而在我们的一些大城市，物流货车在进入市区时却总是遭遇重重阻碍，过路、过桥费如路匪敲诈勒索般的不讲道理，重复征收税费的现象比比皆是。按相关数据，一些物流企业重复征税的比例高达50%，一些路桥收费看上去更像是新生暴利行业。

种种怪现象使我想起了经济学中的交易费用问题。交易费用是人与人之间交易所必须支付的费用，比如，搜寻对象和价格的费用、讨价还价的费用、交易中发生和解决纠纷的费用等，它是每个人在做出选择时回避不开的因素。在价格机制起作用的情况下，交易费用一般体现在价格中，例如，居民区里也有杂货店，而且价格一般要高于市中心里的大超市，其中的原因就是因为有交易费用的存在。在分工和专业化高度发达的现代社会中，一个人生活所必需的产品和服务，绝大多数都要通过与他人打交道（交易）来获得。人与人之间办事效率高，社会的交易费用就低，反之，交易费用就高，同时社会运行的成本就越高。如果交易费用过高，人们会选择减少交易的次数，或不再进行交易，这就是对市场机制的破坏了。

长期以来，由于我们一直没能建立起一种能够制约各种不法行为的制度，使得我国成为一个交易费用很高的国家。在计划经济时代，人们为买到紧缺商品而“走后门”，为得到国家干部或正式职工的名额而到处拉关系、托人情；在价格双轨制条件下，为得到政府有关部门的一纸批文或印章而送礼、行贿；在权力可以支配市场行为的怪异体制下，本来十分正常的生产、交易行为却不断受到敲诈勒索。这一切，就构成了我们这个社会运作的巨大的、难以销减的成本。

物流发展要有一个好的制度环境，历时17年的治理，公路乱罚款的现象始终不能得到有效遏止，根源何在？主要是没有切断地方财政和基层执法部门与罚款之间的利益纽带。若让市场有效地运行，就必须正确发挥政府职能，减轻税费征收，取消对物流交通工具的不合理管制。这是降低交易费用、保证我国物流业正常发展、市场稳定有序运行的基本要求。在市场经济体制日益成熟的今天，是我们大家合力促使这一领域发生某些积极变化的时候了。

公共责任与财政功能

○三个和尚没水吃

政府存在的理由主要不是提高经济发展的效率，而是以其合理的制度安排来促进社会公正的实现。

新“显学”的震撼登场

财政学目前正越过宏观经济学而成为当今中国社会全民关注的“显学”，最近的热议问题，如被网友戏称为“妻税”的“婚前房产加名征收契税”和所谓“月饼税”，加上稍前些的“铁公基烧钱”和“预算公开透明”等，其背后反映出的中国社会深层次问题颇发人深思。

一是国家征税权和用税权配置的错位，人民代表大会还没有完全负起控制、监督税收和预算的责任，纳税人也没有完全得到相应的财政事务参与权。国家的财政税收表面上似乎高度集税权于上，实际上有一定的随意性。一个地方机构就可决定开征或增征某种税，或将纳税人的钱巨量损耗在政绩工程、大跃进工程和豆腐渣工程上。二是公民社会权利意识确实在普遍觉醒，对征税和政府如何花钱等问题有了前所未有的关注。

这两个方面，前者是坏事，说明经过 30 多年改革中国的治税权还远未完善。后者是好事，说明中国公民社会正在形成，民间显然走在了政府和人大前面。

中国当代财政学者很多受计划经济时期“大政府”、“总枢纽”、“国家分配论”财政观的影响至深，至今难以摆脱。其所理解的财政职能只是“分配”和“监督”。市场改革后，又补充进“调节职能”，但计划经济的色彩仍未褪尽。

休谟早在 1740 年就指出“公共的悲剧”的存在。他说，在共同体中，个人成为“免费搭车者”是符合理性的，但如果所有的社会成员都成为免费搭车者，最后的结果就是所有的人都得不到好处，这跟中国的寓言“三个和尚没水吃”是一样的道理。这个原理告诉我们，追求自身利益——效用最大化的个人有可能导致公共资源的质量下降。因此，休谟认为，政府财政的功能之一就是在个人之间以及个人的眼前利益与长远利益之间合理配置资源，以实现全体社会成员公共利益的最大化。以政府财政手段进行资源配置，可以找到许多现成的例子，如供水、渔业资源、石油勘探等，大都由政府拨款经营。

由于市场失效的客观存在，政府活动首先应保证社会资源在私人领域和公共领域的合理配置，并且以不影响私人部门的效率为前提，然后才可以考虑资源在公共领域的有效配置问题。此外，当存在外部不经济时，生产成本等于私人生产成本加上社会生产成本，而决定市场价格的却是私人生产成本，这就会造成某些产品的过度生产；另一方面，当存在外部经济时，收益等于私人收益加上社会收益，而决定市场状况的却是私人收益，由此又会造成社会消费的不足。为了消除或减轻外部效应，也需要政府发挥财政的配置功能，例如，征收环境保护税或污染税，要求污染者按照社会对环境的评价付出相应的附加成本，迫使其调整生产决策，减少产出水平，这就是马斯格雷夫把配置资源作为财政首要功能的原因。

上述内容有些已经写进了今天的财政学教科书，却远没有成为中国当代财政学课堂上的灵魂，更远没有成为当代中国文明的主流。这导致的一个不良后果，就是一代一代的毕业生从财经院校大门走上工作岗位后，总会有一些人表现得比他们的前辈们还要厌烦别人对他支配资源的权力的制约和监控。

政府权力与公共责任

人们经常谈论如何实现政府职能的问题，却很少问这些职能是从哪里来的。简单说，政府职能是其行政权力的组成部分。它来自于政府的公共责任规定，而公共责任则来自于公民委托和授权。在政治学的观念里，只要政府存在一天，就必须依法做某些事或不做某些事，而责任则意味着某些事无论政府愿意还是不愿意，都必须要去做，否则就要被问责。

从这个意义上说，公共责任就是保护和促进国民利益的职责与任务，不可推卸，更不可倚据权力站在公民利益的对立面上，说一不二。在现代社会中，政府权力被界定为公有物，谁获得了权力，谁就必须承担起法定的公共责任。所以，人们早已习惯地把现代政府称为“责任政府”。现代社会需要好政府，而好政府的标志，就是能对社会承担起公共责任，即提供最大的公共福利，维护人权、公民权和私有财产权。这是乔治·梅森说的。只有那些知晓权力边界在何处、正确界定自己的责任并认真地履行好上述公共职责的政府，才可能成为一个得民心的政府。

但在现实生活中，不一定责任和权力就是对应的，有时会是权力很大的政府，责任担当却很小；而另一些责任担当很大的政府，权力却被该国的法律看得死死，并不显得很大。而在一个制度环境不大健全的社会里，人们的期待可能只是，政府不做某些事或不履行某些“职责”，对社会来说可能更好一些。

政府的财政功能

财政权力的行使，更是事事相关每个公民的意愿和福祉，公民纳税不是为了供养一个统治自己的政府，而是为了寻求更好的生活，收了税的政府必须承担起相应的公共责任。政府所拥有的处理财政事务的权力不是“天生”的，有授权才有支配资源的权力，无授权则无支配资源的权力。当财政权力被授予出去的时候，国家还应该建立一种完善的以权力制衡权力的机制，如公共预算的外部政治控制机制，它包括公民参与机制以及立法机构独立审计和全程监督的机制，预算过程和绩效接受人民代表大会甚或更大范围的讨论、问责和纠错。需知，只有经过制度严格限定的权力，才可确保税收用之于民，才可认真负责地承担起为社会提供公共服务的诸般责任。

市场经济中的一个基本事实是，由市场决定的初次分配基本上是不公平的，表现在财富、教育水平、技能等等方面，而且资本收入的分配比劳动收入的分配更加不平等。导致分配不平等的主要原因，一是财产继承权的差别，二是非继承的劳动能力的差别。不平等是“不好”的，这个“不好”还会导致更加“不好”的社会后果：贫困、富裕阶层对财富的浪费、社会冲突、低收入群体得不到社会其他成员的帮助而自暴自弃等，在理论上，一般用市场机制的有效法则排斥公平法则来表述。这就需要政府通过财政收支活动进行全社会范围的再次分配，在社会中形成一种公平分配的机制。

市场交易为什么无法进行有效的再分配，而只能由政府来承担这个任务？第一，市场中基本不存在以公平为目标的分配机制；第二，私人慈善机构的活动带有某种再分配性能，但从社会整体来说尚显规模太小，无法解决全局性的社会问题；第三，政府的独特地位使它拥有强制性征税的权力，也就使它能够大规模地进行再分配活动。并且，政府能够通过税制和预算来解决由于要素市场的不完全性与垄断定价所产生的收入分配问题。这方面也可以找到很多例子，如义务教育、社会保健、公共医疗、福利服务、住房补贴等等。事实上，希望市场解决全部社会问题不过是一种幻想，政府存在的主要理由并不在于提高经济发展的效率，而是以其合理的制度安排来促进社会公正的实现。

此外，由于市场在自发运行的过程中很难避免经济周期问题，也需要政府制定和实施税种、税率调整或改变公共支出的规模或方向等宏观经济政策，这些政策可以直接作用于物价、就业水平和经济增长，最终促进宏观经济相对稳定状态的出现。这就是财政的稳定功能。

财政功能不是一成不变的，因为政府面临的国家政治经济形势在改变，它所承担的任务和职责在改变，财政的功能也随之而变。在封建专制社会，财政就是为巩固皇权统治服务；计划经济时代，财政就是无所不做、无所不包的“全能财政”；而在市场经济时代，财政的主要任务就是为社会提供公共服务，改善国民福利。这时候的财政功能，显然就与前市场社会完全不一样了。如果这个时候政府仍置自己应尽的公共责任于不顾而继续在“生产建设”上耗费资财，那就是对自身职能的一种误解了。

税收行政化背离法治精神

○经我修门面，形象大改变。
休管怨声高，税银大把攥。

中国现在的进步，更多的体现在民间。民间走在了政府的前面。

8 月热门非“税”莫属。被民众戏称为“妻税”的婚姻‘加名税”、单位给员工发月饼要缴的“月饼税”，都是在 CPI 疯涨、民众生活负担日益加重的背景下发生，又被民众在坊间臭骂的。这样说并不过分，某知名网站的微博上，16000 多网民参与的“公司发月饼该不该缴纳‘月饼税’”的投票中，有 92%的网民表示不该征收，认为该征收和不好说的网民仅各占 4%。决策者们，你们见了这个数字不觉得眼晕么？

单说“月饼税”，确实如不少聪明的专家所解释的，它只是把某种职工福利纳入工薪所得计征个人所得税的一种形式，并非新规，从 1994 年开始就有；也不只是针对月饼，单位里节 El 发的食用油等实物福利也都征收个人所得税。专家们是把别人当傻子看了。我问过许多人，大家都说这个不用专家解释人们也明白。其实，“月饼税”这个古怪名称里透射出的是民众对无孔不入的税收的厌恶情绪。“月饼税”的问题并不在这种税本身，而是背后暴露出的问题。当前，我们这个社会对税收的容忍度已经非常低了，人们已经早就感受到自己所交之税与享受国民福利的不匹配，税无孔不入、不容商量地进入每个人的日常生活，也就难怪招人讨厌。人们反感的其实也并不是什么“月饼税”，而是担心挡不住税负的日渐加重，希望别再折腾老百姓的小日子。

又有专家站出来说（中国一直不缺这种类型专家），税务机关对月饼征税是合法的，民众应该理解，企业不应拒绝代扣代缴。对月饼征税，从税收法规的角度或能说得通，但可以征收并非意味着一定要征收。这里面不只是法律的问题。还有个税收伦理的问题。对于热心索税的政府来说，在收“月饼税”这个问题上，其实满可以宽松一点。一年不就是这么几次传统节日吗？只要发的不是天价月饼、纯金粽子，而只是作为节日普通慰问品，税务部门就不必如此“税在必得”。上海市税务部门就表示，对月饼征收个税采取人性化操作，企事业单位不必申报职工月饼收入，税务部门将不予深究，可见在这件事上还是有征与不征的选择空间的。可惜上海这么有人情味儿的税务局如今还真是不多见。

如果说“月饼税”使税收给人一种无孔不入的感觉，那么，加名税就是“费尽心机”了，也是有专家出来为此税辩解，也存在一样的不违法但也不值得提倡的伦理方面的问题。看来还是应当承认，这是中国税制运行中出现的新问题，需认真对待一下了。

在减轻税负、构建和谐社会的大背景下，税务机关这么急吼地地见缝插针征税，给人一种竭泽而渔的感觉，不能不让人们担心。况且，“加名税”实际上已经涉及对契税的修改和地方税决定权的归属问题，不是地方政府自家就能决定的，自己不能决定的事就敢于执行，说明现在的税收秩序混乱到了何种地步。这个税，既不能激励国民消费，又不能调节社会贫富差距，那么是不是就只剩下增税一条理由？既如此，专家们凭什么理直气壮地为它辩护？

当涉及对公民财产征税时，税务机关这次的表现显得比较随意化。婚姻法新的司法解释刚推出，马上就推出了“加名税”，数日之内又三次改口，让人有无所适从的感觉，且南京、成都这样的城市并没有税收条例上规定拥有变更征收办法的权力，所以很难认为他们是经过了严格的法律程序才作如此表示的。这说明，我国表面上实行中央集权的税收体制，但在实际运作过程中，这个权力的运用还是相当随意的。

某一税种该不该征收、怎么征收，应该有一个相应的法律规范，至少应对公民个人财产保有充分的尊重，征收者被征收之间应该有一个有法律程序所保障的商量过程。在这个问题上应该掌握一个什么样的政策精神，地方在多大程度上可以自己决定，这些都还没有见到清晰的法律规范。

当公民的财产受到威胁的时候，国民会起来发出抗议声，而目在这件事上民间的立场如此一致，说明当社会反应非常强烈的时候，政府的征税之手可能会缩回去，也说明中国的公民社会正在形成，已成为执政者无法忽视的力量。但是我们至今还没有看到官方和民间、税务机关和纳税人之间有一个日常生效的制度化对话平台，总是遇到事硬碰硬地博弈。

中国现在的进步，更多地体现在民间。也就是说，民间走在了政府的前面，走在了人大的前面。在征税问题上可以看到，民间立场和官方的立场竟截然不同，它制造了某种推动国家进步的契机。如果把这当成一种混乱、一种社会不稳定因素，那就大错特错了。

改进中央与地方财政关系的思路

○分甩

许多国家的经验数据证明，一国现代化的过程中，中层的进化最为艰难。

在中国历史上，有一句“郡县治，天下治”的古话，说的是郡县虚则国虚，郡县实则国实的道理。当代社会财政则为县市级部门，承担了省以下层级政府应尽的相关职责，可以为国民做更好的公共产品和公共服务，稳定整个国家的政治经济秩序。

可是，我国实行分税制之后，财权、财力层层往上集中，中央政府最重，省级政府次之，县市级又次之。在整个财力分配过程中，中央和省级所收有了保障，唯县市级财权、财力偏弱，充其量只能维持最基本的行政运转，日积月累，逐渐形成“尾大不掉”的巨额债务。常见的现象是，越是不发达的县市，越是“破罐儿破摔”，公共服务不到位。这就给重新调整中央和地方特别是县市政府的财政关系提出了加迫切要求解决的课题。

分税制改革遗留下的问题

我国实行分税制的主要目的仅在于扭转“两个比重”过低的局面，着眼点在中央政府增加财政收入，但是这种体制趋向却被中下层广泛延伸，形成了一种市向省、县向市、乡镇向县的层层往上集中资金的思维逻辑，只要是一级政府，就自认为有权要求它的下级向自己“靠拢”，这就导致了省市地方财政净结余增加，而县、市财政赤字增加的局面。

是什么原因导致县乡基层财政出现如此困难呢？与以往一样，还是制度上出的问题。具体说，第一是政府层级过多，大大降低了省以下按分税制实施收入划分的可行性——21个税种在五级政府机构分配被认为是无解的难题，即使中央政府想分税也找不到适宜的办法；由此引发了第二个问题，即财权与支出责任划分模式的不匹配，或者说，在现行体制下根本就匹配不了。县市级政府该做的事做不了，只因为没有钱，没有别的原因；第三是分税制导致的财政决策权过度集中，极容易造成中央政府部门财政资金使用的低效率而中低层政策财政资金的匮乏；第四是财政运作的非法治化，县市级财政运作实际上没能进入规范的分税制规则之轨道。

县市财政困难不是一两天了，为什么不增强中央转移支付来解决问题呢？问题不那么简单。我们虽然一再强调“公共产品的均等化”，却一直没有理顺专项转移支付和一般转移支付的关系。现在有人批评分税制，认为它导致财政资金向中央集中，因而形成地方财政困难。也有人认为中央集中财力虽多，但有转移支付的调节，财政资金还是地方政府比中央政府花的多。外行一般弄不明白，内行人未向社会做清解释。表面看，地方政府确实从中央拿到了不少钱，但一般属于专项、专款，不能移作他用，而转移支付中一般转移支付的比重又很低，结果地方政府在急需用钱的时候还是没钱，这差不多就是土地财政的由来。

据王朝才教授等学者的研究，目前我国中央财政专项项目有 213 项之多，十分庞杂。专项资金占转移支付资金总额的比重，2006 年达到 48.2%。专项是什么？是中央或上级政府指定用途的资金，地方自己不能做主，部分专项还要求地方配套资金。在地方得到的转移支付中，除了占比很小的一般转移支付和民族地区转移支付等地方可以支配，义务教育、调整工资等项目大多服务于特定的政策目标，实行专户管理，制定专门用途，不能成为地方政府的可支配财力。而地方政府的一般性转移支付的补足率只有 47.3%，大部分资金还得地方自己想办法。所谓一般性转移支付补足率，就是实际分配的一般性转移支付资金总额占全国标准支出大于标准收入的标准收支差额的比重。补足率低，说明享受一般性转移支付的地方政府的收支缺口大，地方政府提供公共服务的能力就可能受到影响。而且专项资金体现的是中央的政策意图，不一定合乎地方的实际需要，这就形成了所谓地方政府有财力而无财权的局面。

财政体制中层的进化最为艰难

问题还不止于此，除了缺钱，县级财政还存在着另一个积重难返的老问题，即严重缺乏独立的权力。县级财政承担着直接向公民提供公共医疗、养老、失业、义务教育、公共交通等社会福利和社会保障的责任，却没有哪怕一项独立的、稳定的收入来源，可以由自己支配的、自行决定税基、税率和征收办法的税种，使得县市政府财源问题更加严重，只能仰仗上级政府的转移支付来度日。又由于县级财政的大部分收支必须依靠上级财政的转移支付才能解决，在相当大的程度上加强的是传统的“下对上”的依赖性，在体制上就带有强烈的回归性。如此，已经改革多年的财政体制回到传统的上对下的集权体制的老路上去就不仅是可能，而是正在形成的现实。

一国现代化的过程中，中层的进化最为艰难，许多国家的历程都是如此。我国改革开放 30 多年，最为曲折艰难、取得进展相对不够理想的领域正是县市级这一块。人们常说的“事权与财权不匹配”在县市级上表现得最为突出。政府层级多事权不好划分，反映在财政上就是各级财政支出责任重点分得不清楚，最终形成大部分事权都是多级政府共担的格局。目前各级政府间相互推诿支出责任，上级政府运用行政手段把支出责任下放给下级政府，却把财权大量收于自己的掌控之中；下级政府不惜耗费巨量资力“跑部钱进”，要求上级政府大幅度增拨专款以解财政需求，上级给地方专项转移支付却要求下级配套相应当的财政资金，如此等等，上下扯皮，大大降低了行政效率，成了中国体制的久治不愈的老大难问题。其结果，只能是中央政府在连年财政收入高增长的背景下依然赤字连连，基层政府的财政自主性下降的趋势难以改变，不得不走竭泽而渔的敛财之路，大量增加非税收入，因而各地卖地、收费罚款之类的现象相当普遍，腐败现象更是难免，财政秩序呈现某种程度的乱象。

深化税制改革将是必然趋势

解开这团乱麻，就要明确各级政府的职责和财权，并有确实的预算的支持，赋予地方设置税种、决定债券发行的权力，并且这一切都必须用法律界定下来，地方税的立法权应写入宪法或财政基本法。这就要构建一个扁平化的财政体制，即实行三级替代五级的体制改革，而且在三级体制中，应该“强两头，弱中间”，即上面强中央，下面强县。强中央，不必说，因为中央承担着全国财政资源的配置重任，而强县，是因为县离社会、离民众最近，与民生的关联最重，全国各县的公共服务普遍搞好了，困扰中国发展的主要问题就能得到有效的缓解。就很容易与社会公众的切身利益连接起来，有利于公民参与预算的编制、审议和执行，有利于推开社会更加广泛的民主监督。

近年来我国县乡体制的调整实行了“省直管县”改革，就是将部分原归属于地级市的行政管理权和财政管理权直接赋予县，或者收归于省。市的权限小了，好处是一个财政层级，自然也就少了很多“扯皮”的事情，也有利于市的财政独立，更好地发展自己。不过，需要指出的是，省管县的“管”，不应是加强行政管制的“管”，而是一种预算调节和平衡的财政管理性质的管理。

县市财政改革的前提是税制改革，解决县级财政的固定来源问题，否则任何改革都是难以进行下去的，但是到目前为止，还没有见到我国税改拿出一个完整的方案和一个明确的时间表，不动产税的改革也没到位。还有如何清理行政性收费的问题，哪些费应为税，哪些费可以由县乡政府继续收下去，由于信息不透明，也不得而知。所以，只有进一步推进税改，以其为先导进入深层次的县市层级改革才具有可行性。

今年财政收入——十万亿也打不住

在税收法治尚有明显缺陷的情况下扩增税收，负面效应会大过正面效应。

报载，2011年前8个月全国财政收入74286.29亿元，已达全年目标的83%。同比增长30.9%，增速远高于年初确定的增长8%的目标。据测算，全年财政收入将突破10万亿元，有经济学家甚至预测全年财政收入将达到11万亿元。于是有人找出2009年福布斯的税痛指数各国排名榜，中国赫然位列第二，这是反对重税主义的学者在表明态度。接着，一批掌握话语权的官员和专家纷纷予以“驳斥”，认为中国税负不仅不重还偏轻，增税“还有很大空间”，于是又有一些学者半途改口说增税没什么不对，等等。一时间，有关中国当今宏观税负的争论在各种舆论平台上爆发，余波至今未息。相当引人注目的是，官方和民间，立场竟是截然相反。

为弄清近年来我国宏观税负究竟如何，我找出十多年来的数据对比着看了一下。从1994年至2007年，我国税收年平均增长速度为19.5%，税收占GDP比重每年大体以0.5%~0.7%的幅度在提高。这个增长速度，不能说慢。2008年，不同口径的政府收入占GDP的比重为:税收占GDP的比重为18.03%。财政收入占GDP的比重为20.04%，财政收入+预算外收入占GDP比重为22.67%，财政收入+预算外收入+社会保险基金收入+土地出让金收入+住房公积金收入占GDP比重:

○把戏

33.36%。政府通过税收、非税收入占得了当年 GDP 1/3 多的份额，是为真正的宏观税负。税负口水战玩儿的文字游戏，奥秘就在这里——你说这个，我就说那个，双方永远说不到一起去。

若单看税收，18.03%真的不算很高，可是若将所有的政府收入加起来，占 GDP 的比重就超过了 33%。在世界上已不能算低税负。其实，这样的计算结果仍偏于保守。由于口径不全，一些政府收入或者收费并没有完全统计在内。在我国，税收占 GDP 比重不能被认为是宏观税负，财政收入规模也不可能准确反映政府收入的规模。中国税负名列世界前茅不能说完全没有依据，福布斯的计算结果还算靠谱，况且税负占 GDP 的份额还在继续扩大。切盼政府在确认何为宏观税负和国民收入分配格局时千万别搞错，应该以国际通行的口径为准，将政府全部收入占 GDP 的比重作为宏观税负国民收入分配格局调整的依据。

每当政府出现财政困难，最直接有效的解决办法是提高税率，加强征收，加上自古以来有恶名的下政治任务式的征税，虽可解燃眉之急，难关暂渡，但却是一条竭泽而渔、杀鸡取卵之道。明朝苏州知府陈宁为了完成税赋征收任务，经常用烧红的烙铁审问拷打逃税者，得了个外号叫“陈烙铁”，连混世魔王朱元璋也觉得他做得过分了。历史反复证明过的绝路，断不可行。

在税收法治尚有明显缺陷的条件下扩增税费，其负面效应会大过正面效应。我国历来存在征税的随意性问题，下指标任务等常见的增收办法虽长久以来为社会所指，但也一直未真的退场，使得政府，特别是基层政府的税收行为常游离于法治轨道之外，类似“陈烙铁”的事儿未必不再发生。其结果，越是单方面加强征收，人们的被剥夺感和不公平感就越强烈，对税收就越反感，这一点，从前段时间人们对“月饼税”、“加名妻（契）税”的激烈态度上应该看得很清楚了。

目前我国经济的要害问题，是强权和垄断导致国有经济的地盘越来越大，说一不二的霸权税固执地扎根在新兴的市场体制中，导致税收连年超常增长，随之财政支出的规模追随财政收入的增速亦步亦趋，于是政府的行政力量就越来越强大，官员寻租的机会就越多，权贵就越霸道，市场机制的发挥就越受挤压，中小企业生存条件就越差，民生改善相对说就越不能让民众满意。反过来，政府越大，需要滋养它的税收也就越多，结果，政府变得无比强大而社会变得日益羸弱这个任何社会都要尽力避免的局面就会出现。如吴敬琏先生说过的，这种怪圈跟中国过去历史上多次出现过的情形一样，表面好看，实际上绝非一国之出路。

所以，今后我国应当适当控制年度税收增长速度，逐步将税收增长率控制在 10%左右，即基本与 GDP 增长率同步，考虑到通货膨胀因素可以略高一点，但最好不要超过 12%，而费改税之后的税收占 GDP 的比重则应稳定在 18%或稍高一点为宜，不要再高。

经济学上的拉弗曲线告诉我们，减轻征税，表面看政府的赋税收入会减少，但由于人民普遍受惠于减脱政策，经济活动更加活跃，而生活水平的提高，也会使人们对政府的信任和遵从度提高，降低征税难度。因此，算总账的话，税收收入不仅不会减少，反而会增加。无视这些因素，单方面加强征收，只会自毁税基，损害长远的财政来源，实为短视的“傻瓜政策”。

积极的财政计划：增支不如减税

财富就像海水，饮的越多，渴的越凶。

“四万亿计划”推出后，人们对政府支出刺激经济增长这剂凯恩斯灵丹妙药的期盼又被调动起来，几乎没有人怀疑这个曾经百试不爽的政策能够再度“显灵”，包治金融危机背景下所有的经济弊病。GDP不够高吗？失业问题严重吗？民间产业不景气吗？政府的收入不够花吗？只要有政府支出拉动经济，就没有过不去的火焰山。总之，凭我们的智慧所能想得到的办法，就是政府花掉足够多的钱去补齐内需的不足，带领我们平安地涉过经济危机之河。

毫无疑问，一定数额的公共开支对于政府履行基本职能、提供面向社会和市场的基本公共服务是必须的，但是把财政政策当做一种手段，极力推动公共基础设施建设，用以“保增长”、“促就业”，这在经济学领域一直是个争议很大的问题。

尽管有人对四万亿（或地方政府提出的18万亿）的来源表示过疑虑，但政府对此似乎并不担忧，办法总是有的，比如，发行中长期国债，或由中央替地方政府发债等等。钱，似乎不是问题。

但在萨伊及供给学派的眼睛里，钱却是一个大问题，因为政府只有先从甲那里征来一笔钱，然后才有资源提供给乙，乙的问题解决了，甲却失去了用这笔钱生产财富的机会，这种财富的平行转移很难不损害经济效率。例如，动用财政资金兴建供低收入家庭居住的廉租房，几乎没有人怀疑这样做的正确性，但用经济学的眼光分析，这只不过是用征税的方式让收入较高的家庭把钱拿出来，补贴给那些按照政府制定的标准所圈定的低收入家庭，让后者仅支付较低的租金，就可以

○王与亡——音同字不同

住上比他们原来的住房更好的房屋。可是，这样做的结果很可能是某种非常重要的经济效率被牺牲掉了。

于是，那些工程建设时我们看到的是繁忙的工地，完工后看到的是崭新的楼房，开盘后看到的是人们喜气洋洋地乔迁新居，而这些，只不过是政府大量支出所制造出来的一种财政幻象而已，因赋税而损失的工作效率、无法生产出来产品、无法提供出来的服务，是人们不容易看见的。要看到那些没有被创造出来的东西，得靠某种想象力和一定的专业知识，而这是很多人所缺乏的。

赋税在给我们这个社会造福的同时，也在不知不觉地带来损失，因为政府所有的支出，最后都是必须由纳税人来买单的。在一些国家，因过度发债而导致国家财政破产或通货膨胀飙升的事没少发生过。以我们国家的体制，财政破产的事儿可能不大会发生，但却没有充足理由保证滞胀不会发生。稍微懂点儿经济学知识的人都明白，积极扩张的财政计划最容易带来滞胀的局面，那是个非常可怕的陷阱，一旦陷进去就很难自拔。

政府推行积极的财政计划，目的自然是“保增长”和“促就业”，但计划启动后的效益如何，人们却并不怎么关心，每年一度的人大会议上也很少有人提出疑问：那些执掌大权的官员们替我们构思出来的基本建设计划，其所带来的财富和福利的净增幅究竟怎样？这类不讲求财政效益的投资计划对经济社会的健康发展真的有那么大的作用吗？如此热衷于增税和支出巨量财政资金，真的比纳税人自己花掉这笔钱更划算、更值吗？那些闻之令人眩晕的巨大工程项目，内中铺张浪费，贪贿腐败的“黑幕”究竟如何？如果损失很大，为什么还要反复做出这种得不偿失的决策？还有，这个世界上，除了大自然有限的免费恩赐之外，我们取得任何东西都是要付出代价的，如此大手大脚地配置资源，我们有限的资源、脆弱的环境能持久地支撑下去吗？

问题还不止于此。财政支出每多花一块钱，供纳税人自己支配的钱就会少一块钱；财政每创造一个工作机会，就会毁掉一个私营部门创造的工作机会，税负占 GDP 的比率越高，对民间的生产和就业的威胁就越大。高税负将影响纳税人的行为和动机，企业将丧失扩张业务的欲望，将不得不大量裁员；将不再有兴趣进行设备、技术、工艺的更新改造，不再有兴趣创新，甚至不再图谋发展。

长此以往，人们终归会对政府征税提出各式各样的疑问：辛辛苦苦又一年，为什么赚钱的时候自己只能留下一小部分，而赔钱的时候自己却必须承担全部损失？为什么创造了大量财富，自己和家人的生活福利改善却很有限？为什么资本还没有充分累积就得承受如此高的税收负担？为什么政府极力扩张财政支出，到头来高增长、高税负反而制造出了高失业？

如果公共支出是用财政赤字来支付的，即来自于政府借债或者印钞票，问题只会更加严重。借债和通胀本身就是一种隐性的税收，并且是一种更“损”的税收形式。因为谁也无法预知政府究竟要征多少税，我们知道今天的税率是多少，却无法知道明天会是多少；等到了明天，却又不知道后天将是多少。通货膨胀撕裂了稳定的经济关系，鼓励各种不计后果的挥霍浪费行为，它那无处说理的不公驱使大家各自为政地乱来，最后，将是财政幻境的破灭和经济的崩溃。

叔本华说：“财富就像海水，饮得越多，渴得越凶”。在当前全国上下大力推行积极财政政策的时候，我主张作一点反思，与其政府征收重税以保财政大投资，不如把资源和财富更多地留给企业，留在居民的口袋里，人们的可支配收入增加了，不用绕弯子，投资和消费的规模会直接扩张，如此，何愁内需不得提振？何愁就业不保？何愁税源不丰？我们动用多种宏观经济政策要的不就是这个结果么？所以我的看法是，此轮宏观调控的的着力点应是减税，而不是增支。目前这种不顾一切地把数万亿财政资金堆积于基础设施建设上的做法，不见得是一种明智的选项，最好现在就停下来，或许还来得及。

熊彼特端出一坛“创新”的陈年老酒

一个信息和人的思想长期处于禁锢状态的社会，不可能具有自主创新的能力。

1908年，熊彼特写出了他的第一部惊世之作——《经济发展理论》。该书成为20世纪的经典经济学文献之一，如《创新的先知》一书所说的那样：它“像一坛陈年老酒，愈久弥香。”令人难以置信的是，这部影响人类发展近一个多世纪的经济学“大部头”，竟出自一个年仅28岁的奥地利小伙之手。

在熊彼特建构的理论中，令人厌恶的寄生虫、热衷于剥削剩余价值的资本家变成了具有创新精神和乐施行善的企业家，他们不是只会埋头苦干的管理者，甚而是“行业引爆者”，孜孜不倦地探寻着每一个发展机会并实施具体的创新活动。

在熊彼特看来，资本家不是人们想象中的只懂得如何发财和享受的家伙，而是“为了享受成功本身”而创新。创新过程是艰辛的，必须有超乎常人的意志、智慧和保有改变旧有技术和秩序的冲动。奋斗过程常常也是非凡的和难忘的，足够奋斗者自己回忆和品味一生。而那些没有经过这个过程的人，是难以理解这种“乐在其中”的感觉的。

熊彼特引入创新概念，为的是从机制上准确地解释经济发展的动因。他认为，创新并不完全等于技术发明，而是要“建立一种新的生

○一模一样

产函数”，把一种前所未有的生产要素和生产条件的“新组合”引入到生产体系中去。只有善于创新的人才是真正的企业家。在商业领域，应发挥约翰·洛克菲勒（石油）、奥古斯汀·蒂森（钢铁）和亨氏（视频加工）这样的企业家的引导作用。他们有能力构思一个规模庞大、层级复杂的组织体系，并促使它高效运转。企业家与生俱来的敏锐和警觉可确保他们的方案得以实施。从这个意义上说，办公司比领导一个政府部门难度大得多。他指出：“没有创新，就没有企业家，没有企业家的功绩，没有资本主义的利润和资本主义的推动力。这种产业革命的氛围——‘进步’是资本主义赖以生存的唯一环境。”

熊彼特比其他经济学家更早地认识到资本主义经济对信用的依赖，认为信用的建立源于人们对未来的信心和期望。在世界上所有的经济体系中，只有资本主义才是未来导向最明确的一种经济体系。在熊彼特看来，金融货币市场是“资本主义体系的总部”，投资者汇集在纽约、伦敦、柏林等城市中的信贷分配场所，有助于他们对各种项目的前景做出分析判断，给予其选定的项目以金融支持。

熊彼特关于创新的见解在很长时间内并未被经济学家们所接受，理由是，所谓企业家精神的阐述与普遍认可的均衡思想不合，而“精神”这种东西很难“建模”，所以很难说是一种科学的分析。西方经济学家的这些偏见被后来日渐丰富完善的熊彼特理论高山所消解，却在21世纪的中国重演。它的表现是，人们经常热衷于研究企业管理的运作过程和方法，却很少把目光停留在从事创新的企业家身上，即“见物不见人”。

改革开放以来，中国企业引进了不少新产品、新技术。问题是，随着发达国家产业调整和向外转移传统制造业的过程逐步完成，单靠引进变得越来越困难，特别是关键的核心技术有钱也买不到，只有自己的发明创造才靠得住，这就是杨小凯所说的“后发劣势”。中国若想成为一个足以影响其他经济体的大国，就必须拿出原创性的成果，或是某种产品，或是某种思路，或是某种机制，总之是一份与一个当代大国地位相称的答卷。

当前我国正在建立“以企业为主体、市场为导向、产学研相结合的技术创新体系”，出台了一批财税优惠的政策以助推“给力”，但熊彼特大师的教导却未引起决策者的重视，即资本市场的发育和风险投资机制。据统计，高科技投资成功的比例仅为 10%，也就是说，投 100 个项目一定是有 90 个是失败的，但剩下的 10 个成功了，就会有相当可观的盈利回报。如果没有多元化的资本市场，就不会有人愿意做风险投资，创新项目成功的几率就很难提高。

熊彼特最重视人的价值，因为创新需要人权保护和人的心灵自由。一个信息和思想长期处于禁锢状态的社会，不可能具备自主创新的动力。目前我国的教育更多的是逼着孩子无条件服从标准答案、服从权威，这等于是从娃娃开始就扼杀我们这个本来就缺乏创新意识的民族的最后一点希望。传统教育体制事实上已构成我国创新思维的严重障碍，一场深刻的教育体制改革，已然迫在眉睫了。

雪印心珠

暗夜深处，仿佛有一种力量在引导、催促着我，要我去迎接那涉过午夜而来的精神之舟。

外面静静的，但感觉得出，下雪了。

关上台灯，立于窗前，夜半赏雪，自是一番美妙心境。

蓦然想起哪本旧书里讲过的一个故事，千余年前，也是一个夜晚，天降纷纷扬扬的大雪。不过，那雪却是红色的。

公元五百二十年，达摩祖师因与梁武帝机缘不合，北渡长江，来到少林，潜心修炼。其时，神光和尚慕名拜师求法，也来到嵩山，但遭到达摩拒绝。神光没有放弃，达摩面壁九年，神光侍候九个寒暑，求学之志，执着异常。

一日，神光为了表示自己的赤忱，一直坚持站立于洞外，目光中充满了求知的热切之情。达摩像是没看见，理都不理。夜半，下起了鹅毛大雪。

神光终夜站在雪地里，纹丝不动，浑身上下全白，成了一个雪人，而达摩仍不为其所动，一言不发。

良久，或许是为了让神光死心，达摩沉声道：若天降红雪，便可收你为徒。神光毫不犹豫，戒刀挥起，刀锋落处，左臂断落，鲜血四溅，将亭前飞雪染成红色。

血的融入，使皑皑白雪有了生命和重量，虔诚和执着的精神之力超越了血肉之躯，冰封之门应声开启。达摩召神光入洞，传衣钵、授法器，

○昔日神光拜达摩，而今上司是真佛。
磕头上供求慈悲，丢掉饭碗没法活！

取法名“慧可”。后来，慧可接替达摩，成为少林寺禅宗的第二代传人，被众僧称之为“二祖”。

为了纪念慧可，从此以后，少林僧不再双掌合十，只单掌于胸前行礼。神光当年屹立之处，建起了一间亭子，达摩命之曰“立雪亭”。又过了许多年，乾隆皇帝来到少林寺，有感于慧可立雪断臂的一片赤诚，挥毫写下“雪印心珠”四个字。如今，这块帝王匾仍高悬于立雪亭门眉之上。

血红，雪白——清纯如雪，火红如血，情真意切，为求道人意志与决心的绝妙写照。故事发生在神秘的雪夜，有着极美的意境，千年流传，感动了不知多少痴心的求学人。

最早是从台湾著名作家林清玄的著作中读知这个故事的，被深深打动。立雪断臂体现的真信仰的精神境界，是人对生命的永恒存在和至高无上的认定。按照哲学家的说法，人类只有通过种高度抽象的思维才能不断地趋向于永恒的真。可是，历代统治者对思想的钳制，使得中国人追求永恒真理的抽象思维能力逐渐丧失。像神光那种为追求真理而挥刀自残的“傻事”，不会有人再干。神在中国人的心中也就不再有永恒的、至上的位置。

中国人可以在“指鹿为马”的皇权面前吓得簌簌发抖，却对自己曾经认为应该“合一”的“天”缺乏敬畏感；中国人可以玩弄智谋为世俗的权力和统治者的名誉而战，却不愿为“虚无缥缈”的神流一滴血；中国人可以“替天行道”的名义实施对同类的残酷压迫和精神奴役，却不会因为说了错话、办了错事而在“上帝”面前真诚忏悔；中国人可以不惧上天降下的警告和惩罚，却对现实中主宰自己命运的领导怕得要死。无论统治者杀了多少人、作了多少恶，中国人也从未试图改变自己的爱戴之情，也从未放弃对统治者“行善”的期待。他们把自己的一切都交给了统治者，包括自由和生命。中国人也祭祀天地鬼神，但那不是信仰，而只是为了求雨驱病而“临时抱佛脚”而已。中国人只相信“看得见”的，不喜欢玩“虚的”。

就这样，一个曾经开创了儒家、道家、墨家文化，与同时代的古希腊文化相比毫不逊色的民族，在秦专制建立和汉“废黜百家”以后便在政治文化的创新上止步了，再难有寸进，渐渐失去了求新知、求新思的欲望。看看在政治、经济、法律、道德以及科学技术等理性知识的分科和知识的创造方面，我们给人类社会留下过多少富有价值的、令后人不得不继承的和对其他民族的文明进步产生过足够影响力的思想成就呢？我们今天的中国人的言行举止、价值判断、思想理论研讨，还残留着多少跟自己民族历史上的那些光辉灿烂的文化扯得上关系的因素呢？

如今，为求索真知而披星戴月、冒雪独行、挥刀断臂的故事就像老电影中的一个经典画面，离我们越来越远了。神光之后，再无神光。

披上衣服，推开房门，我也走进大雪中。暗夜深处，仿佛有一种力量在引导、催促着我，要我去迎接那涉过午夜而来的精神之舟。

雪印心珠。

物流企业的税负应进一步减轻

应把重点放在鼓励民营资本和企业进入物流产业，对其实行优惠税率。

财政部和国家税务总局日前发布通知，物流企业大宗商品仓储设施用地获三年土地使用税减半优惠。文件所称大宗商品仓储设施，是指占地面积在6000平方米以上的，存储农产品和农业生产资料、矿产品和工业原材料以及工业制成品的仓储设施。而文件规定的享受优惠的所谓仓储设施用地，则包括仓库库区内的储存设施和物流作业配套设施的用地，云云。

物流业被认定为我国发展战略的基本方向之一、“十二五”期间的重点扶持行业。本次税收优惠政策的出台，显然是国家财税部门对物流“国八条”中的“切实减轻物流企业税收负担”积极响应，说明政府部门已经开始重视运用税收杠杆，调节和激励物流企业的发展。

在仓储型物流企业中，与营业税和所得税相比，土地使用税所占比重并不很大，但此举的意义仍然重要。50%的税收减免幅度可在一定程度上降低物流企业的流通成本，使其获得更多的经营资金，企业的运营环境有所改善，也可以使物流企业面临的流动性紧缩在一定程度上得到缓解。

减免仓储企业用地的税收的做法让人有别具匠心的感觉。一是涉及的企业范围面广，国内经济活动所需的原料资源全部囊括，明显是从流通源头给力，意在促进物流行业的全面发展；二是生产物料的入

○风筝要腾空　线绳要减轻

围基本覆盖我国目前实体经济的主要生产原料，且明显多于产成品的入围，这是从物料的入厂初端——降低保管费用成本来推进整个社会物流成本的降低， 最终目的显然不仅着眼于物流企业本身，而是从源头上促进整个实体经济的发展。因此，本次政策的长期意义尤为明显。

我国物流业一直属于“边缘化”的产业，如今能够得到如此程度的税收优惠政策，颇有获得身份认同的感觉。物流产业仓储用地征税一直存在重复征税的问题，其形成的社会成本最终要由消费者埋单。减税政策的实施，将使全国数百万家物流企业受益，加上可以期待的营业税等其他税收负担的进一步下调以及其他成本的下降，可为物流企业提高一个比例的盈利，间接降低社会成本。由于物流环节对市场物价有着重大关联，从物流环节降低成本费用，还可在一定程度上缓解 CPI 攀升的趋势，在宏观经济形势的棋盘上摆上一粒有价值的棋子。

税收不只是政府敛财的工具，也是进行经济调控的杠杆。既然认识到物流企业在整个国民经济运转中的地位和价值，就应着手研究在更大范围和更大幅度上把税收优惠杠杆的作用推广开去。当前的一个重点是要鼓励民营资本、民营企业进入物流产业，对民营物流企业应实行优惠税率。第三方物流的出现是社会分工和专业化的必然结果，是创造“第三利润”的源泉。为了充分利用社会运输与仓储设备，发展第三方物流，政府在制定政策时应给予第三方物流以必要的扶持。比如，对大而全、小而全的制造企业，货物的生产、销售和流通应一并征收增值税，而不是对物流单独征收营业税；对第三方物流业，则就其营业额只征收营业税。这样做，可引导企业利用第三方物流，以较小投入达到最大的经济效益。

物流企业可以是资产型企业，也可以是非资产型企业。相比之下，拥有资产优势的以运输、仓储起家的“混合型”物流企业更具有优势。政府已经注意到这部分企业的发展问题了，但还应看到，并不是所有物流企业都拥有物流设施的。美国 1998 年有 68%的物流企业是非资产性的。我国物流企业之间、物流企业与工商企业之间也应该用协议、合作、联盟等方式展开协作，政府在税收政策上应给予配套扶持，比如，合资、合作的物流企业所得税税率采用低税率，提供代理服务的物流企业采用较低的营业税税率；鼓励仓库的租赁使用，就应减征或免征租赁收入的营业税和房产税，租用仓库的租赁支出可一次性计入费用。此外，在制定税收政策时，对于公益性物流基础设施的建设应给予全额税收优惠。对于那些投资额大、投资回收期长的物流基础设施，比如大型物流中心的建设，政府也应给予一定的税收优惠。

信息网络技术、计算机系统技术和通信技术在物流过程中的组合，是提高物流服务效率的技术保障。我们应当借鉴美国等国的做法，通过多样形式的优惠政策，降低物流企业技术创新的税负，促进物流企业技术水平的提高。对于物流企业用于信息系统建设的资金，应允许抵免企业所得税或允许税前扣除，对软件研发人员的工薪收入在个人所得税方面给予优惠。对物流企业购进的信息网络技术、计算机系统技术和通信技术实行增值税进项税额抵扣，允许对固定资产加速折旧，加快技术设备的更新换代。

如何减少公共投资决策的失误?

缺乏民主过程的经济决策很容易出错，并且纠错能力很差，由此导致更大的资源浪费。

2008 年第四季度开始实施的抢救性质的经济刺激计划，使中国经济背上了今后若干年都难以消化的财政包袱。短期巨额投资的背后，必然是草率工程、豆腐渣工程、低效率和巨额浪费，项目的科学性、安全性难以保证，未来几十年国人都将生活在这一轮投资带来的光明或阴影之下。果然，在付出了巨大的资源耗费和大气环境的代价之后，其调控效果却并不像宣传部门所称的那样精彩，仅过了不到三年时间，中国的经济增长速度便再次出现后继乏力的迹象，决策者又面临着反通货膨胀和保增长的两难选择。

过快过量的投资换增长带来的不仅是效率的损失，也使得原有的经济增长模式不断自我强化，经济结构调整和制度改革无法正常进行，不得不停滞下来，而民间的收入和消费则必然受到挤压，内向消费型经济增长模式的转换也就无从谈起，进而影响社会稳定，于是“维稳”成本又大大增加，陷入恶性循环中难以自拔。近十年来，中国经济周期的波动越来越频繁，间隔越来越短，幅度越来越大，一收就死、一放就乱的循环一再出现，就已经向我们亮出来再明确不过的信号，中国经济结构再不调整转换，前景堪忧。

○这下宽松多了！

政府的巨额投资也给反腐败带来影响，毕竟花别人的钱不如花自己的钱那么经心，如民谚说的："崽卖爷田不心疼"。2009 年我去日本讲学时曾听到一位国家发改委的官员信誓旦旦地表示，中国多年来存在的年终突击花钱问题"已经解决"，"今后不会再出现"，实际情况却是，突击花钱年年继续有，"天价采购"、"公费旅游开会"、"收取和发放购物卡"的问题频频曝光，触动着只负责纳税而无问责权利的人们的脆弱神经。上海的蒋洪教授在新浪微博发起"对本届政府在反腐倡廉方面工作的评价"，至 3 月 6 日凌晨止，"不满意"和"很不满意"的占到 97.5%，其中"很不满意"的高达 91.3%。这不是民意是什么？

缺乏民主过程的经济决策很容易出错，并且纠错能力较差，由此导致更大的资源浪费。2004 年时，中央政府曾动用 450 亿美元外汇储备注入中国银行和建设银行补充资本金，并成立资产管理公司剥离不良资产，谓之"花钱买机制"。其后，随着中行、建行、工行陆续上市，银行内部的贷款审查、审批制度逐渐完善，成立了审贷委员会，明确贷款风险和责任。有的国有银行 50 万元以上的项目贷款必须经由总行审批。但是，这些花巨资买来的机制在 4 万亿元投资洪流冲击下，完全不堪一击，刚刚建立起来的较为严密甚至繁琐的审贷制度的银行管理系统迅速被冲垮，钱等于白花了。据说，东北某省官员由于某国有商业银行拒绝为其发放风险过大的配套贷款而恼羞成怒，扬言要把该银行的所有业务逐出该省。如坊间流传的一句名言所说：眼见它起高楼，眼见它楼塌了。

日复一日的巨额投资，也使得全国地方政府设立的融资平台已经累积起 10.7 万亿元的负债，其中超过一半以上的债务必须在两三年内集中偿还，同时还有大约同等规模的国有企业的银行信贷债务，成为影响中国宏观经济形势稳定的最大风险点。此外，一些耗费巨大、周期较长的大型工程项目如高速铁路，也具有准政府负债的特征，一旦现金流发生问题，也有可能转化为财政风险。如今，这些显性和隐性的政府债务像定时炸弹一样被分散在各地，正在频频发出预警，何时发生爆炸只有天晓得。近年来政府还以保值为名动用社保基金进入股市，在经济前景颇不明朗的情况下，其收益率亦难以保障，这就不是负债的问题，而是数亿国人的养老保险金的命运问题了。

改变以上情况的有效办法是：巨额的和关键性的财政支出项目安排，应当掺入一个“公共选择”的程序于其中，让更多的普通人和民意代表参与进来，才有可能少犯错误，以较低的成本和代价换取质量较高的增长和发展。财政支出、项目投资从来就不应该是政府自家的事情，公民也是利益相关的一方，理应参与其中，而不是置身事外。这倒不是说政府决策“不行”，而是说缺了民主程序和民众参与的决策绝对不行。在决策过程中引入民主参与机制，可以有效地促进政府与公民之间的沟通和交流；缺了这个环节，制度、政策与社会现实之间的距离就会加大，即使执政者能够做到自上而下地进行制度或政策的更新，也是僵化的和脱离民意基础的。

现在“两会”正在进行中，我们期待着代表委员们站出来为民说话，这与其职责和社会良知相关，不是做不做都可以的问题，而是必须做，而且必须做好。那些一生不表示反对、不投反对票的代表、委员于国于民没有什么价值，不要也罢。政府若真的为民办事，就要还权于民，切实把本由政府独家据有的钱拿出来，让大家决定如何分配，而不是自家决定怎么花。政府还应富有诚意地减少自己对经济资源的占有，把更大的份额留给民间。如此，实现还富于民的目标才是真实的而不是虚幻忽悠式的。

今后，希望国人不再时时处处看领导的眼色行事，而是国家大事也能参与决策而无须犹豫不决，自己决定自己的事情如何做，才能做得好。这，就算是我的一个梦想吧。

划定官民之间的楚河汉界

个体的行动准则和立法者所选择的准则如果对立或不同，博弈将是痛苦的。

清华大学教授孙立平去年曾公布了一个主流媒体上见不到的数字：2010年，中国发生了18万起抗议和骚乱等群体事件，较十年前增加了三倍以上。另有国内外媒体广泛报道，中国大规模的经济刺激计划支撑了近两位数的经济增长，但也推高了通货膨胀，令债务增加，引发了另外一个让人头痛的问题：社会动荡。报道说，很多抗议活动源于日常生活中的经济不公现象，大部分抗议活动针对的是开发商侵占土地和地方官员滥用职权，或建筑公司拖欠工资。在广东陆丰，数百人因政府强行征收村民土地用于开发项目而进行了激烈抗议。在广东增城，城管将一名在道边摆摊的怀孕民工推倒在地，之后民工们点燃了政府办公楼。

频繁而破坏力强大的“群体性事件”令人感到紧张和痛心，但其实，普通公民日常活动的领域并不主要在公共领域，而是在私人领域。居家过日子不受他人包括政府的无端骚扰、干涉和侵犯，才是“百姓”们最关心的问题。一般说，不“逼急了”，谁也不会上街闹事，或去公园示威。

现实生活中，公权与私权经常发生冲突不是乱象，而是一个走向公民社会的常态。法律的主旨首先是维护私权，因为国家权力本身就已足够强大。若拿这个标准去衡量，我国现行法律还有许多不尽如人意之处，在这样的法律架构下行使权力本应极尽小心谨慎，但一些政府官员在这方面做得并不好，某项政策出台即招致民间的反对，以致

○稳固

引发社会不稳定，就是这种行事方式的结果。

中国市场经济也搞了快20年了，但政府应当如何把握和确定自己在市场中的位置和职责，仍然是个较为模糊的领域，没有明确的决定事务的固定权限，没有基于自由契约的保护公民私权的法律规范。行政机关的日常运作缺乏制约，缺乏科学性，效率低下。很多官员头脑中的“加强宏观调控”，不过是“加强行政控制”的另一种表达方式。如今，中国的“官场”实在太大，无所不能为，无所不在为，肆虐的公权力在生活中频频“出手”，占据一个个资本的制高点。当年邓小平先生倡导的市场经济体制仿佛停滞在某个地方举步维艰，多年来苦心经营的民有经济仍在受到强力挤压，在国有经济垄断的夹缝中艰难地谋求生存。

与“官场”相对的是“市场”，只有市场正常发展的社会，官场才会有所顾忌，有所限制。在我看来，中国当今缺少的，是在政府和企业之间划上一道楚河汉界，河界两边企业干企业的事儿，政府干政府的事儿，两不相扰，谁也别越界。缺了这道线，便不是真正的市场经济——这条线20年前就该划好，可惜，如今许多别的事都做了，这件最重要的事儿却被忽略了，这才有了如今这些麻烦事。

真正的市场经济，不是“官办”，也不是“官督民办”，而只能是“民间自办”。公共政策的核心应该是如何向公民和企业提供优质的公共服务，并在这个过程中体现公平和公正的价值观、解开那些可以解开、也必须解开的体制性绳索，鼓励生产、鼓励创业、鼓励投资，是制定“产业政策”、改善行政管理的题中必有之物，是中国市场经济发展的当务之急。

市场经济是一种建立在个体自由基础之上的制度。集权的国家也可以建立有效率的制度，但这种制度的效率不会惠及更多的大众。当年，同样是进行大西洋贸易，西班牙、葡萄牙、法国与英国、荷兰的模式就存在很大差异。法国等国君主独裁势力强大，贸易活动由其垄断，不但没有使得社会更加民主，反而使独裁者控制了更多的社会资源，结果把整个社会锁入了更加独裁的政治框架。而荷兰、英国的贸易，得益者是中下层资产阶级，使他们有足够的力量与国王抗衡，终于在英国引发了光荣革命。显然，自由的环境更加有利于市场经济制度的产生和发展。

市场经济也最需要民主制度的栽培。亚当·斯密在《道德情操论》中指出：“在人类社会的大棋盘中，每个个体都有自己的行动准则，这些单个准则的集合不同于立法者所选择的准则。……如果这两个准则对立或不同，博弈将是痛苦的，人类社会必定始终处于极大的混乱之中。”应当说，许多国家难以顺利完成向市场社会的转型过程，这两个准则的关系没有处理好是最基本的原因，而民主，则是解决这个问题的前提条件。

近来中国致力于构建和谐社会，加快政府职能的转变，建立法治型、责任型、服务型的政府，其中的关键问题是，真正的和谐社会不仅要做到“人人有饭吃”，更讲究“人人有话说”，而对于勇于表达权利意愿的人们也应做到，行动中以安全为最重，既不要伤害自己，也不要伤害他人；凡事以理性、宽容忍耐为要，在法律框架内寻求解决问题的办法。

天日昭昭，公理不废，惟希望与善心常存。

当前经济形势下如何提振企业家信心?

危机发生后，美国的确毫不留情地批评了华尔街，但也不打折扣地保护了市场机制和企业家。

有记者在杭州市某区工商分局采访时发现今年注销的企业比往年明显增多。前来办手续的一个小老板抱怨：“今年日子不好过。”他经营门窗、装修的生意，最近生出甩手不干了的想法，原因无非经济不景气，生意惨淡，难以维系。这种情况可能并不少见。如果去网上逛淘宝，会发现今年流行长裙。经济学上有“裙边理论”的说法，经济不景气，姑娘们的裙子就变长。

近年来经济领域形势似乎不大妙。国外，主权债高居不下，经济复苏乏力，前景仍充满不确定性。国内，经济结构不合理的问题长时间得不到有效调整，中国经济本身的问题开始从各方面显现出来。金融危机后拨出的4万亿元花完了，国企的麻烦随之而来。1~2月份，全国规模以上工业企业实现利润同比下降5.2%，其中国企同比下降了19.7%，资金使用效率和管理水平低下的老问题未见丝毫改善。4月份，几乎所有的经济数据都出乎意料的差。股市也不大妙，5月简直就是2011年八九月份的翻版，H股在半个月之内就下跌了近15%，境外投资者对中国经济的信心也有所低落。有经济学家预测，中国经济再也不能像过去那样收放自如，有可能进入了一个很长时间以来从未遇到过的下滑周期。

决策层果然紧张起来。2012 年 6 月中下旬，温总理连续主持了六省经济形势座谈会和国务院常务会议，分析经济形势并部署下阶段工作，两次会议，均强调要“把稳增长放在更加重要的位置”。已知推出的措施有家电节能补贴、扶持铁路建设等，而按照会议的要求，还

○打水漂

有更多的减轻企业税负、满足实体经济信贷要求、促进消费、启动并加快重大项目投资、鼓励民间投资的政策措施出台。但无论怎样花样翻新，看上去政府的救市政策仍是老式三板斧，缺乏新意。

其实问题早在三年前就埋下了。为了防止危机滑向萧条，不少国家依照凯恩斯的经济思想推出了一系列刺激社会有效需求的政策，中国由于急于摆脱实体经济刚刚显现的困境，竟也表现得争先恐后，与经济发达国家几乎同步实行了反向操作的调控政策，其结果是使中国不幸成为一个危机输入国家。中国经济目前出现的减速并非自然趋势使然，而是在很大程度上由于国家内外经济政策组合不当而造成的。

出于某种原因，本人始终没有找到自己对中国经济未来发展趋势的充分信心，感觉中国当前的经济增长减速，既不是因为经济发展到了一个自然收敛的阶段，也不是因为对外贸易依存度过高所造成，而只能用政策干预不当来解释。“千斤拨四两”的四万亿元财政刺激加上20多万亿元银行贷款，中国在短短的两三年内向流通领域投入了20万亿元资金，其结果不过是换来9%的增长率，财政政策的“乘数效应”并没有真正显现，而且基本上无持续效应。上一轮刺激政策刚刚结束，通货膨胀掀起的波浪还没有平复，经济就又开始掉头向下坠了。

熊彼特曾致力于构建一个以创新为内在动力的内生性经济变迁的理论，20世纪80年代以后逐渐被模式化为“演化的新经济增长理论”，从而获得了新的理论活力，并开始被导入政府制定宏观经济政策的工具箱。人们越来越清醒地认识到，能够带来世界经济复苏并重新走向繁荣的不是政府规划、救市政策和无止境的投资驱动，而是企业家的创业活动和技术创新。救市政策最多只能医治萧条，却不能激励出经济繁荣。真正的发展动力只会来自企业家们永远不变的“毁灭性的创造”，来自于市场交换和竞争。可以说，我们的社会到处都是企业家，到处都是技术创新者，可是“制度性封锁”和各种各样的“官僚障碍”，使得他们无从发挥，无处发展，我们只是自己限制了自己，一个新兴的经济体却处处让人体会不到它的活力和宽容度，许多人选择“携款出逃”也就不足为奇了。

近几年来，在激励民间创新方面做得最好的仍属美国。危机发生之后，美国的确毫不留情地批评了华尔街，但也在不打折扣地保护了市场机制和企业家，并在政策上给企业家腾出更大的活动空间，因而传统制造业在美国本土开始恢复，新一轮长周期的创新产业已初露端倪，作为创新产业发展风向标的纳斯达克股票市场已经创出了 11 年以来的新高。我国大概有 4000 万个中小企业，其中 90%以上是小微企业。对他们最大的挑战是在较为艰难的创业环境中，如何找到有效的融资途径，发展壮大自己，雇佣更多的员工，创造更多的财富。他们需要大的经济环境能尽快好转，不至于做得过于辛苦。决策者们应该对此民情多多体会和留意。

危机之中，西方学者即开始反思近些年盛行的新古典主义和凯恩斯主义经济理论，老古典的斯密经济学和奥地利经济学重新引起人们的注意，对于中国来说，如果不在结构上取得一些突破性的进展，目前的救市政策也只能在某种程度上挡一挡来势不妙的衰退浪潮，而不能从根本上扭转经济下滑的趋势。如果还像 2008 年第四季度那样急急忙忙地出台上万亿元的救市政策，效果可能适得其反，甚至更糟。

预算法修改亟须更大开放性

掌控国家钱袋子的权力是政治权力的核心部分。

修正草案进步有限

2012年6月26日，第十一届全国人大常委会第二十七次会议审议了预算法修正案草案的二次审议稿，俗称“二审”。7月6日，把人大审议稿放在人大网站上征求公众的意见。今天是8月5日，明天就是最后一天，也就到此为止，不再征求意见了。在这期间，社会的关注度越来越高。而下一次，也就是三审的会议什么时候召开？应该是8月底，也就是这个月的月底就要召开了。如果顺利，这个月就可以通过。但是现在问题来了，社会上要求延长征集意见时间的呼声越来越高。

十多天之前，学界在上海召开了一次“上海会议”，10所高校和研究机构的20多位教授在上海召开了预算法修正案征求意见闭门研讨会。在这个过程中，大家提了大量建设性的意见，或者说有些非常有价值的新增条款。最近我还参加了两次会议，分别在北京天则经济研究所和北京大学法学院召开。根据预算法修改主要的意见，我下面概括这样一段话，其实这是对目前提出的这些意见的概括肯定不完备，但说出了主要意思。

行政部门主导修法，严格意义上说，它的合法性不大。一部预算法的修改，这么重要的法律由行政部门主导，不正常。什么时候开始

○一目了然

主导的呢？是从 2009 年年末开始的。在这之前，都是由人大来主导的。人大在这个过程当中，也拿出了一稿预算法的修正案，后来便主要由国务院法制局来主导。这相当于完成了一个主导权的转换。国务院主导这项工作，财政部就当然成为了主角。有学者指出这有部门立法的嫌疑，而且从条款当中也可看出部门立法痕迹很重，有很多条款不对别人有利，只对财政部有利。

修正草案进步有限，而倒退之处颇多。立法宗旨和原则含混不清。预算法应该有自己的立法宗旨和原则，但是在这个法律的设置当中却含糊不清，看不出来。可以看到的是部门立法，财政部把所有的权力都集中到自己的手里控制，一方面排斥了人大对它实质性的控制和监督，连授权机制都没有确定下来，另外一方面排斥了央行对它的监督，因为财政部动用国库的公款和向公款中存入财政现金，都要经过央行等主导的国库记录和监督，但是现在的预算法却把这一条取消了，央行没有这个权力了。

公民的参与、监督在这个新的预算法当中只提到了一句话，就是“预算应该公开”。至于这个预算怎么公开？公开什么？什么时候公开？公开了又怎么样？所有的事情都没有提到。依据这个条款制定实施细则是不够的。所以该草案的部门立法的倾向确实太严重了。政府、财政部门权力明显扩张，部门利益充斥其间。这是大家对目前的预算法修改稿意见的归纳。

预算法修改保密到了何种程度？一审开始于 2011 年 12 月，之后预算法的草稿仍然是保密的。这体现在预算法的修改当中，人大几乎被完全排斥到一边去，只剩下财政部和国务院，这样修法能修出什么来？大家就可想而知了。所以在这样的情况下，才有了现在这一个月征求意见的事情，在这之前都是保密的。

部门争权奇观，在这里我只讲一例。这个预算法的修改稿不顾人民银行、审计署及众多地方政府反对，草案审议稿删除了“中央国库业务由中国人民银行经理”的规定，财政部强硬坚持保留本应逐步退出的财政专户。

现在的修改稿当中，财政专户这一笔写在了法律当中，取消了央行总行经理国库的权力，同时又保留财政专户。什么是“财政专户”？国库和财政专户不一样，国库在各级机构当中都要设置，具有相对的独立性，主导国库工作的是央行，它是政策性银行，也就是一个行政性机构。而财务专户是设在商业银行中的，商业银行对开设财政账户是非常愿意的，因为这里有利益关系。所以地方政府的某些官员就利用财政专户，与商业银行的一些人有了联系。在国库之外设置了这样的账户，把财政资金，包括税收和各种费用都存在这些专户当中，并没有真正进入国库。

目前全国有多少这种在商业银行开设的财政专户呢？18 万个以上。18 万个财政专户积淀着多少财政资金？这些资金都在这些商业银行的财政专户上面，由各级财政部门直接支配。到底有多少？说不清！这么多钱放在那里，还要人不动，不用，这不可能。人性本身是无法抵御住这种诱惑的。财政专户在新的预算法当中没有被取消，而且变成法定的财政专户，只是换了一个名字而已。这么大的权力，又这么缺乏制约，这么多钱可动，马上就可以变成自己的利益，谁会不动心呢？所以必须先设好篱笆，先在法律上把各种贪腐的漏洞补上。央行总行的国库局局长透露信息说，各级国库在办理国库收支业务过程当中，堵住了很多违规业务。

在这个问题上，审计署是支持央行的，站在央行这一边的还有发改委。真正的博弈是在权力部门之间进行的。预算法必须要堵住这些漏洞，如果堵不住，怎么可能算是一个合格的预算法？

所以，专家和民众都呼吁应该延长征集意见的时间，如果修正不能达到效果，就不要匆忙提交表决，所以很多事情必须要做在表决之前。

了解一国政治看预算

现在我们来谈第二个问题。预算为什么重要？预算表面是技术、工具问题，实际上是一国重大的政治问题。

了解一国的政治，就要看它的预算，而且首先要了解它的预算表。若了解该国政策的受益者，答案也可在预算表中寻找。这么大的财政资金投进去了，谁受益了？谁是政策的得益者？谁是特权者、失落者、受损害者或者被忽视者？看预算表就最清楚了。预算被称为“国王的钱袋子”，也叫“国家的钱袋子”，掌控它的权力是政治权力中最核心的部分。

预算是连接政府与国民的纽带，是社会各阶层、各集团的利益中枢。从一个国家收钱、分钱和花钱的方式，可以清晰看出它的基本制度的性质和它做事的方式，也可以看出这个国家的政府与国民之间的关系如何，看它的财政税收预算就可以看出来；看它的国家政府和人民之间的关系怎么样？看税收预算就可以。在预算表里可以找到很多数据，只要这些数据是真实的，不是做了手脚的，就足以说明这个国家的很多重要问题。

预算本质上不是政府自家的事，而是全社会、全体国民的共同之事，所以它叫“公共预算”。财政预算的专业性使得很多人，即使是经济学家、政治学家都很难弄懂。如果没有将政治学、社会学、经济学、哲学、法学等多学科知识融于一体的能力，说不清楚预算问题。

熊彼特就说过，预算问题很难讲清楚。但是一旦讲清楚了，就触到了这个社会的核心问题。实际上，与政治、与每一个民众权益最直接相关的不是那些口号，而是切切实实的预算、税收、财政问题。

预算是一国政府治理社会的工具，这是我们一般人，包括政府本身所理解的预算，所以才会制定出这样的预算法来，但是人们往往忽略了预算的另外一个意义：这就是一个国家社会来治理政府的工具。一方面是政府管理大家，一方面是社会大家管理政府，预算应该包含这两种含义。而现在的预算法恰恰强调了政府治理社会这方面的职能，却忽略了另外一方面是社会治理政府的职能。我们要想管理政府，就要管住花钱和征税的方式和行为，让政府的行为受到人民的监督和控制，可以通过人大，通过政务公开、公民参与、微博、网络，也可以通过所有公开的形式，包括信访、传统媒体的运用，但要管住政府，就要先管住它的预算和税收的行为。这方面如果管不住，其他方面即使管住作用也不大。

如果一个政府做了对不起老百姓的事情，对民众形成压迫，一般都与财政税收有关——与民争利。利益面前，双方都不后退，结果就会发生冲突。

预算是立法机构对政府的授权或政府对立法机构的责任状，政府须不折不扣地执行。政府及其公务人员必须严格依据预算花钱，没有列入预算的公款便不能动用。现代社会当中，政府不是唯一的治理中心，民间也可以治理。这就是我们常说的“第三部门”。

就造福或侵害公民权利的潜在能力而言，预算权丝毫不逊色于课税权。历史上不难找到这样的例子：一个国家可能有很高的财政收入汲取能力，但它在配置资源、有效解决社会问题、提高国民福利方面的表现却很差劲。

中国的问题不是财政汲取能力强弱的问题，中国真正的问题在于权力得不到有效的控制和监督，预算这个问题就是一个明显的表现。预算最基本的核心价值观就是必须有外部的政治控制，它才能够称其为现代预算。中国的现代预算法缺的就是外部的控制，甚至非常明显地拒绝外部对它的控制。什么是外部？至少在体制内有央行，在整个政权架构上有人大，在外部还有广大公民对它的监督。而现在它对几方都取了比较轻视或排斥的态度，大家可以上网找一下这次的预算法草案修改稿，看一下就知道了。

明确监督权至关重要

“上海会议”达成了五项共识，建议赋予人大代表预算修正权。特别强调了人大的预算监督职能，强化人大预算权力主体的地位。要强调全国及各级人大对本级预算的权力，它是权力方，不能把它完全忽视。特别是预算修正权，现在没有写在预算法当中，也就是说，人大代表可以讨论预算，但是不能修改预算草案。可以同意，也可以不同意，这是你的权力，但是你不能修改，这就很成问题了。

明确预算执行中的法定授权原则和人大预算执行监督权，也就是说，我给你权力，政府才能够去执行预算，不给权力，政府财政预算的行为就缺乏合法性。这一点很重要。无论真的假的，总要有一个程序。财政部长做完报告之后，人大就要审议报告，审议、讨论、辩论，然后走一个程序，完成授权，财政部门才可以执行。所谓“授权”，权力还是人大的，不是把权力授出去就不管了，而是如果看你执行得不好，还可以把权力收回来。授予的权力应该是有限的，需要明确给予的权力有哪些？不给的那些权力，要视情况看什么时候给予才合适？

此外，还有明确国库支配权与国库经理权，肯定央行的国库经理地位、完善与预算支出项目相关的公开透明条款、进一步明确预算法的法律责任，补充惩罚责任条款，等等。

这就是我们在“上海会议”上达成的五点共识。修改前和修改后，第一章总则中的第一条一点也没变，没有体现出预算法应该具有的立法宗旨来。它是这样描述的——“健全国家对预算的管理，加强国家对预算的宏观调控，保障经济社会的健康发展，根据宪法制定本法”。其中没有强调分权制衡的精神，没有强调授权程序，没有突出人民代表大会和公民的地位、责任和权力。

人民代表大会和政府的预算行为和预算的法律程序在很多方面与宏观调控无关，所以我们提出“为了强化预算的分配和监督职能，规范政府预算收支和管理行为，明确预算过程中公民、各级人民代表大会以及各级政府的权力和责任，保障经济和社会的健康发展. 根据宪法，制定本法”。所谓，宏观调控，干脆就不要说了，它不算是预算的基本职能。

第九条说的是预算原则，说到统筹兼顾．勤俭节约、量力而行、讲求绩效和收支平衡的原则。又在第三十三条强调了“勤俭建国”的方针。“勤俭建国”、“勤俭节约”这个口号别说在 2012 年立法时用，很多年以前就不用了，这该是 20 世纪 50 年代用过的口号。预算怎么能勤俭节约呢？是该花的钱必须足额及时到位不是个节约不节约的问题。“勤俭节约”语义不确定，不是典型的预算原则。

现代的预算法很少专门提到年度收支平衡问题，一般说的是一个周期内追求一个收支大致均衡就可以了。如果追求预算“平衡”，如何才能达得到呢？尤其是一年之内。现在我国的财政赤字已经 1 万多亿元了，还平衡什么呢？做不到的事情还继续说就变成空话，写在原则中必要性就不大。

礼义和诚信：儒商的品格

建立与其相适应的道德观念和伦理体系，现代市场经济才能得到健康发展。

“儒商”，是一个高雅脱俗的称谓，至少在中华文化圈里，公认只有那些儒学根基深厚，以诚信为行为准则，奉行“富而好行其德”，事业又相当成功的商人，才有资格获此美誉。

求利是人的本性，自从来到这个世界，每个人、每一天都在追逐利益，合乎天理人情，如司马迁在《史记·货殖列传》中所说的：“天下熙熙，皆为利来，天下攘攘，皆为利往”，但也难免出现“礼义不足以拘君子、刑戮不足以威小人”的问题。对此，儒家提出的解脱之道是：“义然后取，人不厌其取，修己以安百姓”。孔子曰：“富与贵，是人之所欲也，不以其道得之不处也。贫与贱是人之所恶也，不以其道得之，不去也”。

儒家从仁者爱人、利人的思想出发，主张制订一套约束人们言行的制度和法律，是为礼。礼是天之法则，又是世之规范，法律、道德兼而有之。人们按照礼的要求行动，即被称作“义”。义与天相关，具有神圣性。礼归于义，强调的是合宜、正当，在实践中，就体现为约束和限制，“不学礼，无以立”；礼亦可归于仁，强调的则是和谐、沟通，“礼之用，和为贵。”这些思想观念不仅用于训诫为政者，也可为商人的座右铭。

○秤砣一变小，马上来元宝

经商既然是与他人交易，就必须考虑别人的利益，互惠互利，形成共赢的格局，这是交易获得成果的关键所在。这一点可归于人类的普世价值，西方人也是这样看的。所谓没有不变的朋友，只有不变的利益，以往我们的理解有偏颇之处，此话的另一层含义是让经商之人充分兼顾交易对手的利益，尽可能施惠于人，通达于社会；四海之内，皆兄弟也。美国金融大亨摩根以“只有满足对方，自己方能如愿”作为经营理念；艾柯卡在克莱斯勒汽车公司面临倒闭危机时，带头将自己的年薪由 36 万美元降至 1 美元，体现的也都是礼义、仁爱精神。

中国历史上很多商人也是这样做的，他们中有的用自己的钱修桥铺路，有的开办义学，有的则赈济饥民。范蠡辅佐勾践报仇雪耻之后，携西施泛舟江湖，隐姓埋名，定居于陶，在此重拾经商技艺，号陶朱公，“十九年中，三致千金”。他富而乐行其德，助济穷苦人家，逐利的同时不忘礼义，这是经商牟利者的另一层高尚的精神境界。国祚之长久在于积德，德不厚而求其安则如缘木求鱼。经商何尝不是如此？

子贡曾问师曰：“何如斯可谓之士矣？”孔子回答：“言必信，行必果。”信就是不欺诈、讲信誉。要别人不欺诈我，只有先做到我不欺诈别人。对别人讲信用，别人才会尊重、信任我，这是经商成功的要诀之一。若求长远发展须以赢得人心为目标，做生意不只是为了赚钱，而是为了赢得人心。这是西方经商者也普遍认可的精神境界。沃尔玛公司的创始人就曾表示：“沃尔玛最初的灵感来自中国古时的儒商——端木子贡。”可见，孔子、子贡师徒讲求的诚信之道，其影响不仅通古达今，且达之于外。

商业贸易将公平诚信，诚实不欺作为从业者共同遵守的行为准则，不仅可维护良好的商业道德和氛围，也可给商人群体带来实实在在的利益。清咸丰、光绪年间是山西票号发展的高峰，全年汇兑达到两千万元以上，良好的信用正是其兴旺发展的重要因素。《续文献通考》曾如是评价山西票号的信誉：“山右巨商，所立票号，法至精密，人尤敦朴，信用显著。”1888 年，英国汇丰银行在上海的经理回国前，对晋商有过这样一段评论：“25 年来与山西商人作了几亿两的交易，没有遇到一个骗人的中国人。

现代市场经济尤其需要与其相适应的伦理体系和道德观念的配合衔接，才能得到健康发展，中国先贤的教诲不仅未过时，反而是中国人思想观念与西方市场精神最合拍的部分。亚当·斯密在创作《国富论》之前，写过一部《道德情操论》，就是担心人类社会迷失在市场经济的竞技场上，今天的我们只有将两者结合着读才能明了市场经济的真谛。詹姆斯·布坎南也认为，市场是“道德秩序的体现”，它要求人们互相尊重，个人的谋利的行为必须限制在对利益各方相互有利的限度之内，以维护个人权利为基准的法律必须得到认真执行。可见，西方经济学家并没有片面鼓吹不择手段的利己主义，而是极力强调道德情操与市场经济的相互契合。这是人类文明积淀下来的成果，不分中外西东。

在孔子墓前，人们可看到一段残木，据说是子贡庐墓时亲手所植桧木，斑驳若铜器，经千年岁月打磨，仍质地坚韧，毫无腐朽之气。先儒未不愿老死象牙塔内，而是渴望学习与实践的结合。儒商鼻祖的难得，在于找到了它们之间的一个契合点。看到那株残存的桧木，仿佛看到子贡仍站在老师的坟前，不离不弃，玉树临风。

同建公民社会：阿玛蒂亚·森传播的理念

光明又黑暗，仿佛明暗山。

中印两国的文化交流在历史上绵延了两千多年，在很长时间内，这种交流十分紧密。读世界著名经济学家、诺贝尔奖获得者阿玛蒂亚·森的著作，他告诉我们，在公元 5 世纪，迦梨陀娑 (Kalidasa，经典梵文作品中伟大的诗人和剧作家) 的剧作《沙恭达罗》(Sakuntala) 中记载，国王豆扇陀 (Dusyanta) 在打猎过程中遇到净修女沙恭达罗，为她的美貌所倾倒，以中国丝绸为比喻向她倾诉爱的衷肠：“我不由自主的向前，/ 但又犹豫不决；/ 犹如中国的丝绸 / 在风中飘动。”

时至今日，中印之间的交流和联系依然非常重要，因为它涉及世界上 1/3 的人口，而且同属于与居主流地位的西方文化相对的、目前暂时处于“蛰伏”状态的东方文化。中印两国的走向，关乎人类文明的走向。在当代，中国在经济增长和公共卫生保健等方面可以提供一些经验供印度方面参考，而印度方面的有关公共交流和民主参与的经验，对中国也具有不小的启示意义。阿玛蒂亚·森曾经指出：“有一点是相同的，中印两国历史上都曾经有过反抗和挑战权威的传统，这种传统应该得到传承而不是削弱。”他的警示有着非同寻常的意义，因为现实中无论中国还是印度，这一传统都有衰落的危险，特别是中国。

经济发展就其本性而言是自由的获得和增长。阿玛蒂亚·森把传统的对自由和发展关系的解释颠倒过来，即把“民主和基本的政治与

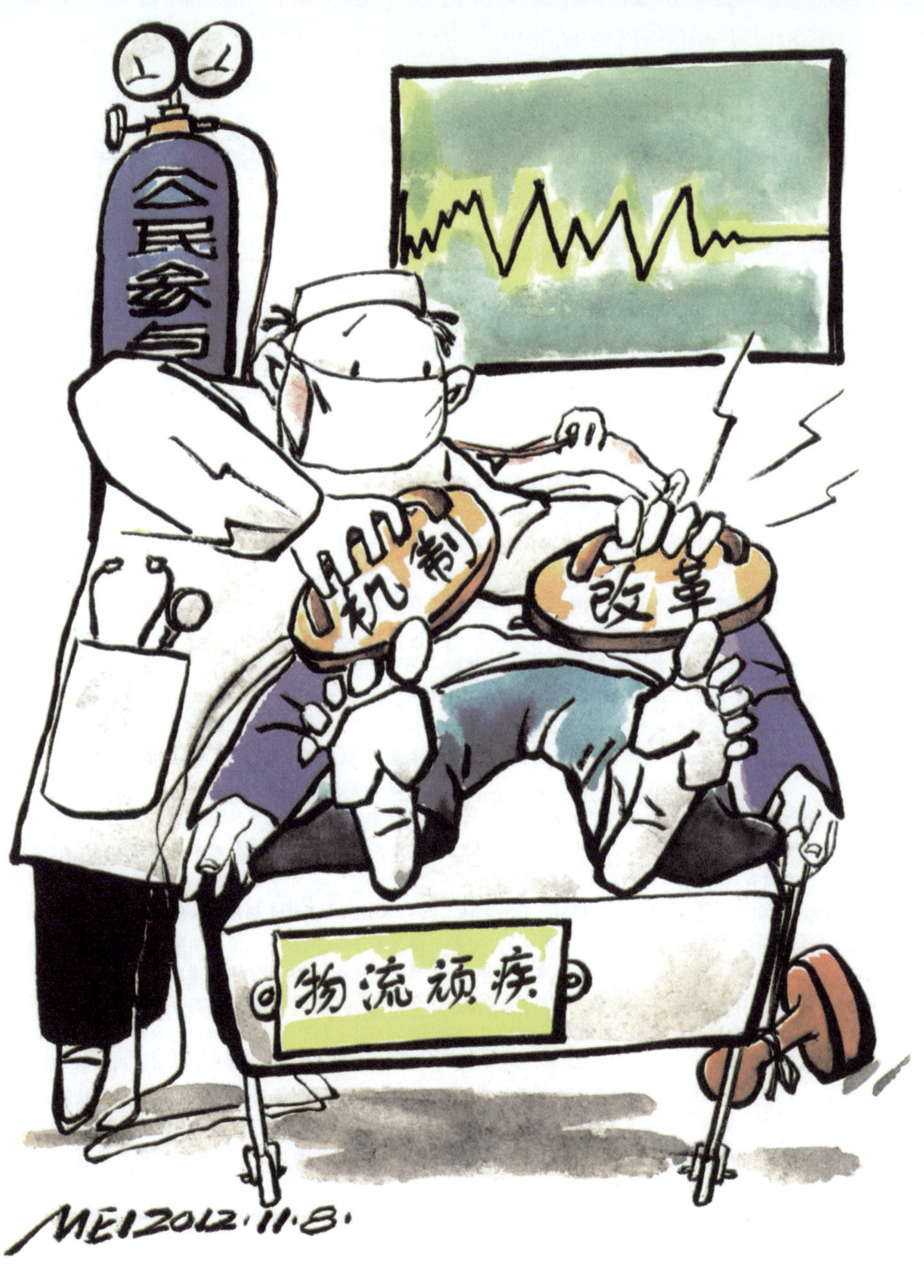

○救护

公民权利的产生和巩固”看做发展过程中制度变革的建构性要素。民主和自由的扩大可促进社会的解放，从而对公共政策的改进做出贡献。有着3千万人口的喀拉拉邦(Kerala)，把民主制度(包括公开辩论和公民广泛参与公共生活)和其他国家致力于改善卫生保健的模式相结合，奠定了该地区长期稳定发展的基础。常听到有人说：“民主能当饭吃么？”森的回答是：“事实是显著的：在骇人听闻的世界饥荒史上，从来没有一个独立、民主而又保障新闻自由的国家发生过真正的饥荒。无论找到哪里，我们都找不到这一规律的例外。”

对于一个社会的发展来说，公共交流和民主参与并非可有可无，而是一种应当追求和强化的政治机制。阿玛蒂亚·森说，合理范围内的公共讨论是民主政治的核心。在印度和中国的历史上，佛教有强调对话必要性的传统，至今藏传佛教的“辩经”依然活跃，这在很大程度上催生了传统的公共讨论。一些早期的公共会议记录，主要目的就是为了解决宗教信仰的争论。公元3世纪的时候，阿育王(Ashoka)曾经把这些记录编成法典，作为早期公共讨论的规则来执行。显然，东方国家民主的起源，不仅受到近代以来西方的影响，也根源于本民族自身的文化传统，这些传统可以追溯到历史上那些热烈的公共讨论。

在印度的公民社会组织(Civil Society Organization)中，有一种叫做“公民预算组织”，他们设法帮助民众读懂政府的预算书，推动公民社会参与预算决策的过程，对减少教育、医疗、公共健康等社会发展等项目开支的做法提出批评，同时对政府的预算绩效做出评估。公民预算组织通过主要对政府预算中关于社会事业发展、社会保障和福利等部分的解析，将政府的预算决策及时传递给社会公众，同时也将公众的智慧和要求纳入政府的决策和施政过程。这对中国的发展有着积极的借鉴价值。中国也应该组建以民间学术团体为骨干，致力于服务于社会的公民预算组织，作为政府与人民之间的桥梁，转达公众意愿，推进财政信息公开，问责政府施政行为，帮助和引导社会向着健康、有序的民主政治的方向发展。近些年，中国的浙江温岭、河南焦作、上海闵行等地，在预算公开和公民参与式预算等方面，已经做了不少探索，也取得了令人瞩目的进展。中印两国在这个领域，有着广阔的学术探讨和实践活动的合作空间。

阿玛蒂亚·森是印度人，他的同胞引森为骄傲。我本人则十分喜欢古印度诗人迦梨陀娑的一句诗："光明又黑暗，仿佛明暗山"。(‘明暗山’的说法来自于印度神话，意思是环绕世界的大山，一边是光明的，另一边是黑暗的)这是一句含有哲理的话。人们总是说"前途是光明的"，其实人类文明的演进并不怎么顺利，奔向光明和堕入黑暗皆有可能。我们只有秉持信念，共同努力，胸怀中印两国人民及全人类美好的未来。

柯罗连科的火光

乍一看，那火光仿佛就在眼前，令人神往，其实，它还远着那。

大约100年前的一天，俄罗斯的作家们正在举行晚会。一位年轻女作家手里拿着一本纪念册，在人群中焦急地寻找着心中偶像——作家弗拉基米尔·柯罗连科，希望他在自己的本子上签名。

她终于在人缝中看到了他，急忙忙地打招呼。柯罗连科看着可爱的女作家，静静地微笑着。她把本子递到他面前，倾慕而充满期待地望着他。他却并不急着在上面签字，而是皱起眉头，用笔在手掌心里轻敲了几下。女作家以为他要拒绝，睁大眼睛问道："怎么，您不愿意为我写点什么吗？"柯罗连科摇摇头，凝视着女作家美丽的眼睛，他的眼睛也亮了一下，似乎想起遥远的往事。他接过纪念册，走到大厅一角，伏在桌子上，奋笔疾书起来。

女作家在一边等候着，又惊又喜，没想到作家会在她的本子上写这么多，也不知道他写了什么。终于，作家写完了，把本子交回到姑娘的手里。她感觉眼前一亮，上面是柯罗连科即兴写下的一篇散文诗。她兴奋地读着，情不自禁地念出声来：

很久以前，在一个漆黑的夜晚，我泛舟在西伯利亚的一条阴森森的河上。

船到了一个转弯处，只见前面黑茫茫的山峰下面，有一支火光蓦地一闪。那火光又明又亮，好像就在眼前……

○问路

我高兴地大声叫道“好啦，谢天谢地！我们终于可以到过夜的地方啦！”

船夫扭头朝身后的火光望了一眼，又不以为然地划起桨来。

“远着哪！”

我不相信船夫的话，因为那火光明明就在那里闪烁。可事实上，船夫是对的，那火光离我们的确还远着哪。

这些黑夜的火光的特点是：它能冲破黑暗，闪闪发亮，近在眼前，令人神往。乍一看，你只需再划几下就到了……其实，它还远着哪！

我们在漆黑如墨的河上又划了许久。一个个悬崖，迎面驶来又向后移去，消失在茫茫的远方，而那火光，却依然停在前面，闪闪发亮，令人神往——依然是这么近，又依然是那么远……

在现实生活中，又有多少这样的希望之光，不仅仅地在召唤着我一个人，我们的生命之河，也依然在阴森森的两岸之间流着，而那火光，也依然是那么遥远……

我们，只有用力划桨！

因为，火光啊，毕竟就在前头！

这首散文诗，就是后来流传于世的名作《火光》。400字短文，凝结着作者对人生的认知和对青年的热切期望。

如果把《火光》只是当作一篇励志文，收入课本，鼓励“好好学习”，那只是理解了《火光》的部分含义。它的另一层寓意，却是以往人们读《火光》所忽略了的。

柯罗连科青年时代因涉嫌同革命活动来往而被捕流放，1881年，又因拒绝向亚历山大三世书面效忠被流放遥远的西伯利亚。他反对君主专制，同情劳苦大众，抨击腐败政府和社会制度。他的作品《索罗庆采悲剧》、《司空见惯的现象》洋溢着民主思想和人文精神，表现人民觉醒和向往自由的意志。这样一个有着强烈社会责任感的作家，怎么可能只写出一篇训导别人的庸俗文章呢？

柯罗连科眼中的火光，是一盏人类文明的航标灯，鼓励青年一代勤奋写作，同时也指出了他们的方向——向着人类文明之光前进。这方向是不能错的。而我们的教科书，又有哪一种明确指出了《火光》的这个关键之点呢？

有许多次，我也产生过与柯罗连科同样的感觉。不是在西伯利亚河上，也不是泛舟于悬崖峭壁之间，而是在内心深处。理想变为现实，还有很长的路要走，也许 50 年，也许 100 年。追索光明的旅程，不也有如在阴森森的河流上航行么？

但文明火光毕竟已经呈现在我们面前了，以它看似的“近”吸引着我们。即使是逆水行舟，我们也必须抱定希望，不言放弃。因为我们无路可退。我们身后，是无穷无尽的黑暗。

我们怀揣着希望，艰难前行，正一点点地接近那远在天边的希望之火。

谁又会放弃这似远又近的“火光”的导引和它所带来的希望呢？

"吴市场"重启改革议程

当头雁回头发现没有"人"跟着它时，会赶紧掉头飞回雁阵，重新带领它的人字形队伍朝前飞去。

笔者一直是吴敬琏先生的忠实读者和粉丝。第一次见到他是在2004年的一次会议上，集体合影站在他身后。深秋季节，风拂起他的白发，身穿大衣的瘦削身材挺拔坚毅，很想过去跟他握一下手却没有勇气。后来一直在经济学家的丛林中寻觅他的身影，买他的每一本书，看着他站在中国市场经济改革的漩涡中心，坚定沉着，力挽狂澜。

近日收到北京三联书店的贾主编寄来吴敬琏先生新著《中国经济改革二十讲》，如每次一样的欣喜。因为经验所证，读他的书总不会令人失望，增加知识，更可启迪智慧。经常出现这样的情景：读过他的一段市场高论，会暂且放下书陷入沉思；或击节感叹，绕室疾行，情绪难以平复。

这本书的主题还是市场经济。从理论到实践，从制度改革过程到政策设计，把中国市场经济大树上上下下检视了一遍，叮叮当当，像一只老啄木鸟。在中国的经济改革又走到"十字路口"、"向何处去"又被提上议程的今天，这样的检视确实必要。

吴敬琏先生认为，市场制度的建立为平民创业开拓了空间，解放了长期为旧体制所压抑禁锢的民间蕴藏着的巨大创造力和企业家精神，当民间的创业和创新热情活跃起来的时候，生产要素开始从效率较低的产

○半身不“随”

业向效率较高的产业流动,这是中国出人意料的发展的最基础的推动力。

但是,他也指出,中国自20世纪初逐步建立起来的这个市场经济,还是一个很不完善的经济体制。一方面仍背负着大量旧体制的遗产,另一方面,建立起来的市场体系还处于粗陋的原始状态,现代市场经济的若干重要架构还没有建立起来。这不是真正的市场经济,而是一种"半统制、半市场"的双重混合体制。它缺乏必要的规则和公正执法,政府热衷于"驾驭"市场,过度干预,使其难于充分发挥资源配置的基础作用。当今社会的种种问题,从根本上说,是经济改革没有到位、政治改革滞后、行政权力过度压制和干预民间正当经济活动,造成广泛寻租活动的结果。

吴敬琏先生认为,在这种"半统制、半市场"的体制下,中国一直存在着"向何处去"的问题,两种可能的前途摆在人们面前:一条是沿着完善的市场经济的道路前行,限制行政权力,走向法治的市场经济;另一条沿着强化政府作用的国家资本主义道路,走向权贵资本主义的穷途。眼下的情形是两极共生。特别是近几年来,各种矛盾交织积累,多方面改革出现停滞甚至倒退的情况,发展下去,走向恶性一极并非全无可能,这是最令人警惕的。

市场是一个不间断的"过程",可是以往我们接受的只是市场经济配置资源的这一面,只是将其当做工具使用,其实市场经济还有另一面,它同时是一种规则,一种自发的秩序。我们接受了市场经济的前一个方面,而有意无意地忽略了它的后一个方面。而缺了这一面,市场过程就残缺不全。所以吴敬琏先生认为中国的市场经济改革还只是走在半途,旧体制随时有掉头回返的可能。

中国市场经济改革的"后半途"应当怎么走?吴敬琏先生主张重启改革议程,其核心是建立和健全竞争性的市场体系,破除国有经济对重要产业的垄断,建立包容性的经济体制,为民间技术创新和民营企业发展提供更多的自由和更广阔的空间;同时,建立"有限政府"和"有效政府",

约束政府对市场的过度干预。改革要从这两个方面切实得到推进。

美国经济学大师弗兰克·H·奈特喜欢用大雁列阵飞行为例，来说明不同的领导方式。当头雁一个劲儿地往前飞的时候，后面的大雁可能会拒绝继续跟随而转飞向别的方向。当头雁回头发现没"人"跟随它时，会赶紧掉头飞回雁阵中，重新带领它的人字形队伍朝前飞去。我体会，吴敬琏先生就是通过他的书在跟我们的"头雁"说话。

吴敬琏先生是中国市场经济改革的思想导师。他的新课程是："改革仍未过大关，未来的道路也不会平坦"。在继续完成市场改革任务的同时，应当积极而慎重地推进政治改革，建立法治，推进民主和实行宪政。这既是未来中国改革的主题，也关系到中华民族的兴旺和每个公民的根本利益。他在书中郑重告诫人们：在这样的大是大非问题上，容不得半点犹豫。

"吴市场"，名不虚传也。

不患寡而患不均

寡者，民多流亡也；均者，言班爵禄、制田里，皆均平也。

偶然看到联合国计划开发署提供的一份统计数据，上面说，目前占中国人口总数20%的最贫困人口，其收入或消费的份额仅占4.7%，而占总人口20%的最富裕人口，其收入或消费的份额却高达50%。由此可以计算出，我国20%的最高收入群体的平均收入和20%最低收入群体的平均收入差别之比是10.7倍。同样的数据，在美国是8.4倍，印度是4.9倍，俄罗斯是4.5倍，而在日本，只有3.4倍。这就意味着，中国现在已是世界上收入差距最大的国家，大概没有之一。

进一步搜集数据，发现中国的收入差距问题远比想象的更加严重。初次分配中，我国劳动者报酬占GDP的比重由1992年的54.6%下降到2011年的47%左右，明显低于世界平均50%～55%的水平，而美国该项指标早在19世纪就达到了50%。城乡差距，2005年我国是3.22倍，2009年就扩大到3.36倍，绝对差距首次超过一万元。目前我国城乡居民收入差距已处于历史最高水平。不同行业之间的收入差距也越来越大。最新的劳动工资数据显示，1991年行业平均收入最高与最低水平相差1.55倍，到2005年扩大到4.88倍。如按行业细分，2005年职工平均工资水平最高的行业是最低行业的7.78倍，到2009年，这个差距已经超过了10倍。东部与中西部居民收入差距的趋势也没有扭转迹象，仍在持续扩大，相关数据不引也罢，网上一查就知道了。

○天壤之别

这就不好玩了。人们看到，自20世纪90年代以来的“甩包袱”式的福利制度和财税制度改革，并没有克服原有制度的缺陷，国家福利的享受面不仅没有扩大反而缩小了，社会收入的差距不仅没有缩小反而进一步扩大了，城乡隔阂不仅没有被真正打破反而进一步固化了，“新农村”不仅没有建成反而变得萧条了，社会保障制度改革没有充分考虑农村劳动力的做法使得城市化进程没有进步反而停滞了。今天的人们已经集体意识到社会财富分配不公导致的严重后果，转而主张把国家的收入分配政策从“效率优先，兼顾公平”转到把公平放在优先的位置上来，改变现有福利制度的不公平取向。古人所说的那句至理真言“不患寡而患不均”又被人抬将出来，要求政府应多多关照穷人，增加低收入者享受的国民福利，让我们的福利制度真正地帮助那些需要帮助的人。

这将涉及国家财政政策的一些基本方面的改革，政府应当以不低于税收增加的速度增加其社会福利方面的财政支出，而这些资源的配置，不应依据居民所处的地域和身份的不同，而应考察居民的收入和生活状况，本着谁最穷就先接济谁的原则，实行向弱势群体倾斜的政策。也就是说，谁陷入困境，谁的日子过不下去，就最先补贴给谁。这就必须打破原先一直实行下来的向城市、向国企、向政府部门、向权势者倾斜的分配格局。只有这样，才是政府施政的正确方向，这样的财政，才称得上是真正代表人民利益的公共财政。共识正在我们的社会中逐步形成，很难为决策者所忽视。

这样的认识当然有道理，相关政策也确实需要依据这个思路进行调整，但是还需指出，现在很多人并没有真的弄懂孔夫子“不患寡而患不均”这句话的真实含义。他在这里说的主要不是指人们的收入状态、财富分配格局，更不是今人所说“平均”的意思，而是国家政理的公平与否。如汉儒孔安国注云：不患寡意为“不患土地人民之寡少，患政理之均平”。政理，古书上多谓为政之道。孔子在说过“不患寡而患不均”之后又接着说：“不患贫而患不安，盖均无贫，和无寡，安无倾”。东汉经学家包成注云：“政教均平，则不贫矣。上下和同，不患寡矣。大小安宁，不倾危矣。”所以孔子的这句话实际意思应该是，治理天下，最重要的是让每个人都得到其本应得到的一份利益，任何统治者都必须尊重这条合乎天理人情的原则。对此，清刘宝楠的《论语正义》曰：“寡者，民多流亡也；均者，言班爵禄、制田里，皆均平也”，为这种解释加了一个注脚。

如今的财富分配的不均和不公平，其根本原因在于人与人之间享有的权利和自由不均平，这才是从更高层次上认识问题。若是单纯只是对财富重新进行一番分配，增加一些财政的转移支付，让富人穷一点，让穷人富一点，并不能从根本上解决中国的问题。辨清孔子的这一思想的意义在于，国家在进行财税制度和福利制度改革的同时，不应忘记比分配财富更重要的事：公民的个人自由和权利保障，社会的每一个社会成员都应得到同样的尊重和同等的保障，而这就需要我们的国家从政治到经济再到文化上，来一番彻底的更新改造了。

尤利西斯的自缚

避免悲剧发生的关键是那根绳子，驯服统治者的法律之索。

经济学大师、公共选择学派创始人布坎南在《规则的理由》一书中曾引用荷马史诗《奥德赛》里的一则故事——“尤利西斯的自缚”，来说明对权力的限制从来都是外力才起关键作用，而不是指执政者的自我约束这个道理。

传说西西里岛附近海域有一座塞壬岛，长着翅膀的女妖日日夜夜唱着动人的歌引诱过往的船只。尤利西斯嘱咐同伴用腊封住耳朵，免得被女妖的歌声所诱惑，而他自己却没有塞住耳朵，他想听听女妖的声音到底有多美。为防止意外，他让同伴把自己绑在桅杆上，并告诉他们途中无论发生什么都千万不要给他松绑。然后他们起程了，在经过塞壬岛的时候，果然有异常美丽的女妖向他们飞来，嘴里还唱着美妙的歌。尤利西斯为其所诱惑，急切地想挣开绳索奔向女妖，而他的伙伴们的耳朵被堵住，不知道眼前发生了什么事情。一位叫欧律罗科斯的同伴偶然抬头看到了他的痛苦挣扎，知道他此刻正在遭受着巨大的煎熬，于是走上前，把他绑得更紧了。就这样，他们终于安全顺利通过了塞壬岛，女妖们也退去了。

布坎南以这个故事作比喻，将其视为“对未来选择做出先期限制”，是一种为防患于未然而做出的决定：若想返回家园，必须给自己的欲望预先设防。尤利西斯系自身于船桅之上的举动，准确地表达了一种外部政治约束的思想。避免悲剧发生的办法，关键是那根缚住尤利西斯的绳子——驯服统治者的法律之索。“自缚”实际上自愿被他人所缚。历史事实证明了这个道理，当人们从统治者的苛政中逐渐意识到限制

○切莫当真

权力的必要性，当他们在决定自己应当做出何种政治选择时，最先考虑的就是对政府对于财政支配权的约束和对私人财产权利的清晰界定。

面对市场失灵问题，许多主流经济学家都极力要求政府加强对市场和社会的干预和介入，他们总是把政府假定为自觉地以增加公共利益和社会福利为目标的权力机构。问题在于，政府就一定会比市场中的个人对市场有更准确的判断能力吗？政府官员就不会以自身利益为最大化目标吗？无数事例证明，这种假设并不成立。政府并不全知全能，也是由单个人组成的。既然是普通人，他们就会有普通人一样的主观任性，容易出错。

布坎南认为，政府也是经济人，政府官员也会追求个人利益最大化，但公务人员的利益与企业家又有所不同。企业家追求的是利润，而官员不是。政府向社会提供公共服务的过程难以实现赢利，就是赢利了也装不进自家腰包，所以他们真正关心的是自己的威信和权力如何维系。他们会利用其特有的身份地位和掌管的权力，扩张预算，掌控资源，将其用于追逐自己的政治地位和影响力上，从而导致资源利用效率的低下，财政支出规模的不断扩大，以致不可避免地走向无限政府的道路。

这样看来，保护私有产权的关键问题就不是代议制民主，而是“为财政立宪”。税收意味着资源由私人部门流向公共部门，这就要在政府征税行为之上确立一个宪法的规则。这个规则对于政治家和政府官员来说是“高高在上”的，它能够在税收水平下降的情况下，遏制对已经增长起来的公共支出的持续需求，使政府的财政行为由不受监控转化为受“纳税人监控”，为经济活动提供较为稳定的经济和法律环境，使纳税人能够通过对预先确定的税收法律的了解，而获得对于税收负担的可预测性，从而激励个人创业和创新的热情。宪法规则还可以消除政策制定者出于利己动机或集团利益的影响，遏制不断增长的公共支出需求，提高政策制定过程的透明度，遏制政府权力膨胀与失控以及公共财政运行效率低下的问题。

公共支出的归宿在哪里？

○光说大话

观察政府是否提供良好公共服务的一个重要标准，是看直接面对公民的那一级政府是不是拥有足够的履行公职的财权和能力。

公共支出，也叫财政支出，是政府为了履行职能而支出的费用；而所谓公共支出归宿，则是指政府公共支出对社会福利分配的影响，即公共支出的利益分别由哪些社会阶层获得。公共支出具有强烈的公共服务性质，是为市场和社会提供公共服务的资源配置活动。政府不能把钱花在与公共服务无关的方面，包括养活政府机构和公务人员的活动也不例外。一切与市场盈利有关的领域，都不属于公共支出的范围。

追求公共支出的公平性，关键是让公共服务惠及贫困人口、女性、儿童等社会弱势群体，而不是服务于狭隘的精英集团的利益和特权。要率先保障对教育、公共医疗、法治等软公共品的投入，因为这有利于优化市场环境和完善市场机制，也有利于缩小个体之间收益能力的差距，同时与恰当的税收政策相配合，将财富继承者在个人生命周期收入中的份额约束在适当的水平上，使人们有更大的可能面对相同的机会集合，而这正是市场机制得以充分发挥的前提条件。

政府支出一般通过两个渠道影响个人和家庭的经济地位，即工资和收入。当政府改变财政支出的比例时，私人领域中相关的产品和服务价格就会受到影响，进而影响到人们的收入水平。同时，政府支出还可以通过直接的现金转移支付和公共产品与服务供给的受益来影响个体和家庭的福利水平，这就要求政府适当减少用于与国民福利和收入水平无密切关系领域的财政支出，转而大力增加涉及民生的投入，如教育、公共医疗及其他基本保障，同时适当照顾到公共部门与私人部门的劳动报酬比例，居民的收入水平在社会总收入中的比例才有可能提高。

此外，我国劳动者之间分配不公的现象很大程度上是由劳动力市场的人为分割造成的，只有建立相对统一的劳动力市场，实现公平竞争和劳动力均衡价格，才有可能解决劳动要素之间分配不公的问题。这需要政府部门坚持以公共利益为最大化目标，加大对劳动力市场的资金投入。政府通过对社会弱势群体的教育投入，使其获得与强势群体同等的教育权利和差别较小的教育资源，把他们的“自然禀赋差异”降低到最低的限度，同时加大劳动者技能培训方面的投入，可提高弱势群体的基本素质，改善他们的就业状况。

目前世界各国在公共管理中普遍推行公共支出的绩效评价制度，许多国际组织、决策研究机构也参与其中。公共支出绩效评估，就是对财政资金的花销与办事效果两相比较，看其能否以较低的成本办更多有效果的事，使财政分配实现“4E”目标，即经济性、效率性、效果性和公平性。经济性是指以最低费用取得较高质量的公共资源，效率性是指以最小的投入取得最理想的产出，效果性是指公共支出后达到的目标和预期结果如何，而公平性，则是公共支出在多大程度上实现了公众满意。

我国目前正在构建公共支出的绩效评价数据库，财政资金使用绩效的相关数据的收集、积累还只是刚刚开始。财政部门虽然开始制定一些财政支出绩效的评价办法，如国库集中支付制度和单一账户体系等，但在法律约束力等方面显得还比较弱。多数民众对政府资金的使用效果越来越关注，但因专业性所限、信息不透明和缺乏声音传导媒介，普遍的问责和责任追究机制还没有建立起来，这就限制了公民的参与和监督，不仅政府与民众之间难以就公共支出问题展开沟通协商，连公民与人民代表之间针对公共服务问题的联系管道也不够畅通。

此外，观察政府能否提供良好公共服务还有一个重要标准，就是看直接面对公民的那一级政府是否有能力承担起这种服务的足够的财权和能力，这就提出政府内部责任与财权划分的问题，而这也恰是我国财政体制改革的未完成领域。

做正确的事——提供符合公民要求的公共服务，以正确的方式做事——以最低的税收成本向公民提供高质量的公共服务，是全体公民对政府公共支出的基本定位和要求。人们在给政府公共支出的效果打分，也在悄悄地计算着自己交的税值不值，然后决定自己该以什么样的态度面对眼前这个政府。这是公民社会形成的标志，无论多么强悍的权力，都挡不住它的发生和它的进步。

区域竞争与合作的路数

○对着干

资本的本质是一种创造性的毁灭。

竞争与合作，常被人们理解为一对相互对立的关系，现实中很难搭界，实际并非如此。市场经济中，竞争与合作是可以同时实现的，竞争并不必然导致合作难以达成，合作也并不必然妨碍市场竞争秩序，且良好的合作还可以使竞争各方达到更高的双赢境界。

在市场经济中，企业家的利润来自于市场而不是竞争对手，所以许多有见识的企业家并不把竞争对手当作敌人，处心积虑地把对方打败，而是把他们当作不得不朝夕相处的邻居。这个认识来自经济学大师米塞斯。按照他的说法，企业家的利润不是从其他企业家那里掠走一个份额，而是来自于通过改善产品质量和提高服务水平以减少消费者的不适。所以企业家的竞争不是面对面的，而是共同面向消费者的竞争。这就提供了合作的可能性。他把竞争区分为“化敌为友”的竞争(Catellatic Competition)和你死我活的“生物竞争”(Biological Competition)。化敌为友的竞争只有在市场经济中才得以实现。

竞争扩展到区域之间,可以使消费者更容易以较低的价格获得商品。例如，同是传统食品，河南的消费者喜欢山东的大煎饼，山东消费者不排斥河南的羊肉烩面，而天津的狗不理包子店则开在了这两个地方城市的大街上，这就为实现产量的增加、生产成本的下降创造了条件，进而导致供给的增进和市场规模的扩大。接下来，市场规模的扩大可以促进社会分工，而分工的深化将提高劳动生产率，从而进一步扩大商品总量，而商品总量的增加可以有效地减少冲突，促进地域之间的经济合作和社会的和谐发展，这便是化敌为友的竞争了。

然而，我国的区域竞合却遇到了不小的阻力，地区差距不仅没有缩小，反而有扩大的趋势。许多地方领导认为，只要增进各自在物质和技术上的进步就可以带来一方发展，也就增强了与他人竞争的底气。实际上，物质和技术的改变只具有降低生产成本的功能，在降低交易成本上无所作为。许多地区不缺土地和人口，技术和资金也并不匮乏，缺的是一种使理性的人追求最大化收益的制度保障，这才是我国地区之间发展差距不断扩大的原因。区域竞争，也并不是单从表面看到的，是产业和产品的竞争、人才的竞争、技术的竞争，更是制度的竞争。然而现实却是，不少地方政府在迷醉于表面繁荣的同时，在制度变革上却没有做出什么像样的文章来。

一种好的制度安排，对于企业来说，应当注重以产权为纽带，形成企业的跨地区分布和跨地区并购，使生产要素在更大范围内自由流动和组合，促进区域间的相互渗透和融合，逐步形成以整体利益最大化为目标的区域专业化分工体系。此外，分布在不同地区的同一个供应链上不同环节的企业也可以由竞争关系转向合作关系，即上、下游企业之间按原料、投入品、生产、销售的生产链条进行分工基础上的合作，在此基础上奠定全国统一市场的基础。对于政府来说，应为跨地域合作的企业提供充分的产权保护，为统一市场提供必要的技术支持，例如通过基础设施建设促进区域要素流动通道的形成；设法克服地区间政策和体制的落差，联合制定跨地域的开发规划，高效配置空间资源，合理布局重大基础设施建设项目，等等。

显然，好制度可以起到降低交易成本、吸引更多生产要素和提高要素使用效率的作用。如果国内各个经济区域的人们都一样地享受自由宽松的创业、创新的权利，资本、商品和劳动力能够在各区域间自由流动，法律和政策不歧视任何个人或团体，所有的政府机构及其官员能够切实保障个人的选择，为个人的生命、健康与财产提供保护使其免受侵犯，那么尽管各地经济发展水平和条件不尽相同，也不会有哪一方愿意千方百计地把自己的邻居踩在脚下，而是乐得与其携手，良性竞争，共同发展。

区域竞合过程中，企业家们会不断组合新的生产方式，创造出更具竞争力的产品，一个法治化的和能够严格自我约束的政府亦会随之形成，国家的政治经济将进入良性发展的轨道。除此之外更深一层的含义是：按照熊彼特的说法，资本的本质是一种创造性的毁灭，如果新技术、新产品能够带来超额回报，资本就会成为一种不竭的动力之源，推动经济与社会的永续发展。

严审政府债
——是祸躲不过

○用武之地

阳光之下、黑暗之中，隐藏着多少罪恶？

近日报载，审计署将对政府性债务进行审计。近三年来，审计署已先后两次对地方政府性债务进行审计，其中2011年属于“全面审计”，全国三级地方政府性债务余额共计10.7万亿余元；这以后的“抽查审计”，则把上述地方政府性债务余额的增长比例确定为12.94%。这次“三审”，把争议多年的地方债问题又一次推到了社会舆论漩涡的中心。

国际评级机构惠誉近期将中国政府偿还长期本币债务的主权评级从AA-调降到A+，其所阐述的理由是：“中国地方政府可能面临源自政府相关企业的大额潜在债务”，说明国际市场已开始高度关注中国政府的债务风险。若将铁路负债、资产管理公司尚未“消化”的负债计算在内，中国的净债务率已经超过70%，而新兴经济体的稳健水平不过60%。

不少经济学家认为中国政府债务目前仍处于国际安全线之下，问题在于，数字显示的安全性并不等于实际风险就一定可控。中国政府尚不具备危机爆发前充足的财政盈余和低负债率的条件，经济衰退一旦成为事实，即使实力雄厚的中央政府也难以承担债务率急剧上升的压力，其后果必然是债务货币化，地方债就有可能成为金融危机的触发点，就是近来人们常说的“中国式次贷危机”。

目前地方政府每年连本带息需偿还数万亿人民币贷款，40%以上的财政支出用于偿债，各银行为应付局面，不得不延展大量贷款。严格意义上说，一些地方政府早在两年前就“破产”了。由于债务信息不透明，官方只公布未偿还贷款总额，而不真实披露利息支付或再融资细节，地方债详情被严严实实捂在黑箱里，突如其来的短期偿债压力有可能导致债务危机的爆发。

我国的要素市场改革仍未得到实质性推进，土地、资本、劳动力和能源等价格仍被人为扭曲，由行政机关自行定价或受其强力影响的机制仍起主导性作用，在这种格局下推进经济增长，只能进一步激励地方政府增大举债规模，使问题变得更加严重。

城镇化被视为新一轮增长的动力，其实不过是“投资依赖症”的另一种表现。在“大规模”和“强力推进”的逻辑下，新一轮圈地运动必然兴起，贷款、债券、信托等融资平台必然大规模扩张，土地财政的退出更加不可能，财产税更加难以改革，系统性风险变得更大。

至于不规范的政府举债会导致腐败难以抑制，更是无需论证的问题。一位地方人大的有识之士曾跟我说，公众指称政府腐败多盯着“三公”不放，其实那里的问题有限，真正的“大老虎”，在地方融资平台和数额巨大的项目中。体制内，此为不可多言的公开秘密。阳光之下或黑暗之中，隐藏着多少罪恶？

如今，在旧体制仍在热运行的情况下，地方自主发债问题又被提上议程。地方自行决定债务问题，可以重新分布偿债时点，化解流动性压力，也可促使央地财政体制变得有利于地方一些。但有几个前提条件必须具备，地方自主发债才是可行的：

要大力清理地方融资平台。这些平台相当于在国企之外新滋生的国有机构，导致旧体制的地盘更加稳固，金融市场更加失序和畸形，其所推动的经济增长仍是以海量投资为主的粗放型增长，地方政府更加难以回归公共服务本位。

转变政府职能，这是老生常谈。政府不能再去推动竞争性活动，不能再搞“卖地财政”，因为它极大地扰乱了金融和房地产市场；不能再向地方融资平台注资，因为它使本无制度约束的地方政府更加如虎添翼。

要改变地方政府体制性的“软预算约束”，发挥人大的立法和监督职能，鼓励民间参与预算管理。应改革陈旧的政府预算会计制度，建立严格的政府资产负债表和政府财务报告制度。如果既不退出经营性资产投资项目，又拒绝外部政治控制和监督，这样的政府投资只能把地方经济引向灾难的结局。

在地方政府资不抵债的情况下，应当允许其破产，进行资产重组和政府重组，这样做有可能产生一种人们常说的“倒逼”机制，促使政府破产法的制定和公共财政制度的进一步完善。

审计只是事后监督，解决不了决策、立法和全程性的外部监督问题，关键是我们能否建立起一种民主、法治意义上的现代预算制度，以及依各级政府的公共责任而定的央地分税体制。所谓对地方政府债务问题的探讨，便只能在这个思路上进行。

财税改革
须保障纳税人权利

○手里攥个样子货

财政是连接政治、经济、社会三大子系统的媒介，这是个新说法。

我是研究财政税收的，就财税方面如何落实宪法精神谈一点自己的看法。

目前，我国社会出现了纳税人权利意识普遍觉醒，与政府的财政权力没有得到有效制约之间的紧张局面。一方面，随着经济的发展、个人财富的积累和社会进步，私人财产权逐步确立，公民作为纳税人身份的权利申张越来越强烈，这是近几十年来没有过的；另一方面，社会上也有某种力量在逆这一潮流而动，极力维护国企和资源价格的垄断，公民个人和民营企业的权利得不到应有的尊重和政策关照，行政部门的财税自由裁量权得不到有效制约、人大对财政预算事项的决定权和监督权不到位等等。这使我感到，财政的确是一个政治问题，而不是许多人所理解的，属于单纯的经济和技术的问题。

以财政社会学的观点来看，财政是连接整个社会的政治、经济、社会三大子系统的媒介，因而财政的危机便很容易表现为整个社会的危机。财政具有决定一个国家的性质、形式和命运的神奇力量，或者说，国家收钱（征税）、分钱（配置）和花钱（用税）的方式变了，这个国家就会随之发生改变。所以每当社会转型的关键时期，财政问题便会突显出来。我们当前正处于这样一个时期。这种情况可以反映在财税改革的很多方面，比如个人所得税法的调整和修改、房产税改革、“营改增”改革、预算法修订、央地分税制的完善、土地财政和地方政府债务，等等。在当今中国，新旧两种力量在财税问题上较劲，无处不在博弈纠结之中，交锋有越来越直接和白热化的趋势。

中国近些年来的民间反拆迁行动、财政信息公开和公民参与式预算的试验，以及某种新税酝酿过程中民间强烈的意愿表达等等，都可以看作当今中国的纳税人运动，它是符合宪法精神的，以自发的维护私有财产权为基本特征，是护宪的而不是违宪的。我认为，这是我们国家由传统国家向现代税收国家演进的一个关键的历史时刻。在这个时刻，国家应该顺应潮流，推动预算民主和税收法治化的进程，通过财税改革促进我国宪政改革，这才是一个现代民主法治国家的本分之所在。

2012 年，预算法修改稿经过了全国人大常委会的第二次审议，准备征求意见后即提交全国人大常委会三审通过。由于预算法修改稿还存在不少问题，部门立法倾向比较严重，不合于现代法治精神的条款未得到纠正，我参加了由上海金融与法律研究院主办的研讨会，与上海的韦森教授、蒋洪教授，以及北京的王雍君教授、施政文教授等学界同仁联名给全国人大常委会写信，要求暂时中止对这一稿草案的审议，并提出了许多具体的修改意见，到年底时接到通知，说我们的建议被采纳了。这是一个好现象，说明我国决策层面在预算立法这样的大问题上是持谨慎态度的。这也算是一次民间推动宪政改革的一种努力吧。在共识还没有达成的情况下，将所争议的问题暂时搁置，待时机成熟时再议，是明智的选择。

目前中国财税与宪政的关系，大致可以归纳为以下几条:

第一，在征税和用税的过程中，纳税人权利被侵害、被剥夺的问题依然存在，没有得到法律的充分保障。以市场经济和公共财政的眼光看问题，财产所有权应该置于税收之前，征税要首先得到纳税人的同意，这就要建立一整套宪法的和法律的程序予以保障。所谓“无代表不纳税”，讲的就是这个道理。约束不住政府征税的权力，人民便无自由可言。

第二，人民代表大会的职责和权利不到位，在税收立法权归属和预算法修改这样的涉及国本和每一个公民切身利益这样的大事上，经常听不到人大的声音。宪法规定，全国人大是最高国家权力机构，而权力，则是归全体人民所有的，但人大本身的改革直到现在还不到位。治税权实际上掌握在政府手里，预算审批还是每年走过场，人大的“橡皮图章”形象还未彻底改观，财经委的成员基本上还是由一些退休官员担任，这样一个机构和这些人能承担起为财税立宪这样的历史责任吗？在2013年“两会”上，人大收回税收立法权问题曾备受社会关注，从表面上看似乎大家没什么争议，但一往实践层面上落实问题就出来了。目前我们国家最大的主体税种——增值税，还是以国务院暂行条例的形式存在着，已经很不合适，其他流转税都是这样，没有经过人大的审议批准，没有履行必要的法律程序。这种情况若是放在20年前，甚至十年前还是可以理解的，现在就不能理解了，无论从法理上、从改革发展的需要上，还是从社会共识上，无论从哪个方面说都说不过去的。

第三，我国政府拥有大部分税种的实际征收权，以及预算过程的绝大部分权力，而且这些权力缺乏制约和外部监督，立法权上有僭越的问题，执行权上有自由裁量权过大的问题，这与宪法精神是不相合的。有些税费的征收和使用权甚至超出了财政部门，由其他一些部门行使，很不规范。当征税的权力全部或大部实际掌控在政府手里的时候，增税的冲动便很容易变成现实，在缺乏权力制约的情况下，导向重税就是必然。连续十几年“重税主义”的盛行，使得财政收入脱离经济发展而独自超常增长；接下来，不断增长的政府收入又推动着政府支出的不断增加，一个规模和职能越来越大的“无限政府”于是就会形成，这个庞然大物对税收的需求只会更大更惊人。由于缺乏制约和现代政府会计制度不健全，政府的“家底”也成了一个说不清楚的问题，一直到现在，都没能向社会提交一份真实、完整的资产负债表，这对一家公司来说都是不可思议的，何况这么大一个国家？

第四，发生了比较严重的资源错配和资源浪费的问题。由于缺乏公共选择或民主监督机制，财税的决策权过于集中以及制度的疏漏，财政资源错配和浪费的问题有加重的趋势，常见的公共服务不到位、工程质量事故和数量巨大的官员贪腐行为就是例证。

公共支出具有强烈的公共服务性质，政府不能把钱花在与公共服务无关的方面，不能索取市场价格，不能追求市场盈利，或者说，一切与市场盈利有关的领域，都不属于公共支出的范围，政府都不应也不能介入。然而，从4万亿元财政资金大量进入国企可以看出，这样的底线还远没有建立起来。我国至今还没有建立起公共支出的绩效评价数据库，财政资金使用绩效的相关数据收集、积累得还很不充分。财政部门虽然制定了一些财政支出绩效的评价办法，如国库集中支付制度和单一账户体系等，但在法律约束力等方面显得还比较弱。

第五，财政体制，更是立宪的核心问题。现在最大的问题是宪法和法律在各级政府承担的公共责任（也就是人们常说的“事权”）上未做清晰的规定。一般来说，越接近于基层社会的政府，其所承担的公共服务的责任就越重、越直接，就应根据法律所确认的公共责任赋予这一级政府权力，随之在收入来源划分上作相应的资源配置。现在地方政府在资源支配总量上并不比中央政府少，甚至有所超出，有人就认为分税制并没有影响地方财政来源与公共服务的匹配。实际情况是，相当大一部分资源是通过财政专项转移下来的，所谓“跑部钱进”就是这个意思，这个钱有项目指定的专门用途，不能挪用，地方只有使用权而无支配权，最需要公共服务的地方该没钱还是没钱。地方不能支配充足财源，就很容易造成资源配置不到位甚至错配的问题，以及土地财政或非税收入过多这类尾大不掉的问题。另外，地方拥有实际的财权和财源，预算公开、公众参与也才有实际意义。这些问题只有通过立宪层面的改革才可能解决。

在一定意义上，税收问题就是宪政问题。布坎南曾说，决策者也是由寻常人组成的，也就会犯寻常人的错误，如果不对征税权加以限制，政府就会走向暴政。他主张宪政规则中应包含专门针对征税权的内容，公民对统治者的控制和监督只能通过对其征税权的约束来实现。他的意思是说，如果其他各种约束都有，唯对国家的征税权控制不住，其他约束就很难产生实质性的作用。中国目前正处于财政尚未立宪、纳税人权利意识空前高涨的时期，所以社会矛盾表现得比较复杂而尖锐。这是一个必经的历史阶段，捅破一层窗纸，一个伟大的宪政时代便在眼前；掉头回转，30 多年改革开放和社会转型之路将半途而废。何去何从，选择权在我每一国民之手，大是大非面前，如吴敬琏先生所说，“来不得半点犹豫”。

应暂停房产税改革试点

○急不可待

以“弥补地方政府财政收入”为理由来宣讲房地产税的必要性，不具有说服力。

把征收房产税视为调节房价的主要工具是一种偏颇的认识，税收并不是影响房价的全部因素，它受市场供给与需求等其他因素的影响更大些。在各国城市化的过程中，房价上涨是一个总的趋势，不是人为的因素就可以轻易改变的。目前，我国城市化率只有51%，正处于城市化上升阶段，以抑制房价为目的的房产税尝试很难取得实质性的效果，即使勉强开征，效果也不会好。这从沪渝两市目前的试点实践中可以看出来，即使是对政策信号敏感度较高的上海市房地产市场，也没有发生房价走低的情况。

目前我国实行的并非真正意义上的市场经济，居民的个人投资渠道十分狭窄，加上股市、通胀和实际上的负利率等因素的影响，目前实际能够作为资产保值的资产主要是房产，这一点广大公众看得很清楚。其实，对于居民家庭来说，首套住房只是解决“居者有其屋”的问题，第二套住房才属于改善性住房，用于出租和征收较低的房产税或许更合适。房产税更适合于对第三套住房和别墅等豪宅的征收，或者对炒房者征收暴利税，以此弱化住房的金融属性。如果不加区分全面而普遍地开征房产税，将有可能出现动摇全社会资产的基础，甚至影响社会的稳定。

房产税属于中性直接税，很难转嫁，需要由纳税者自行缴纳，属于征纳双方面对面的“猫鼠游戏”，需要建立和保持良好、和谐的府民关系，纳税人对开征此税有充分的谅解，现行的税费收入体系应做相应调整，以及纳税人的整体税负不能加重，等等。沪渝两地房产税试点均没有对房地产税费征收进行清理，现有的12种房地产税收和56

种收费重复征收严重，令购房者和房地产企业难以承受。若其他地方也这样“试点”，将削弱房产税改革的正当性和合理性。

开征房产税，需要每年或数年对税基，也就是房产的现值进行重新评估，包括每个家庭拥有房产的数量、人均占有面积以及房产坐落位置、新旧程度、楼层高低、配套设施等等，应该由什么机构、依据什么标准进行评估？出现争议谁来仲裁？房产所有者对仲裁结果仍不满意怎么办？应该有什么样的法律救济等等，都是极难处理的复杂问题，显然超出了税务机关的工作性质和能力。另外，在目前的社会环境下，人们还有理由担心，房价估值的过程会不会出现向权势者偏移的不公平问题，而权势者会比“百姓”更有办法逃避纳税责任，最终房产税的绝大部分负担会落在普通民众的身上。

政府是事实上的土地拥有者，土地出让使用权时，开发商为取得土地开发资格而交纳的土地使用权出让金，这笔费用已经被开发商转嫁到房价中，即购房者已经交纳过直接税性质的土地租金，相关的契税、印花税也都交纳完毕，现在再对其征税，显然有重复征收之嫌，在制度上难以自圆其说。这个问题学界和社会上早就提出，但一直没有得到很好的解释。

税收本质上是对纳税人私有财产权的剥夺，开征房产税必须具有充足的法律依据，要在全社会范围内形成共识，得到纳税人的充分谅解，以及人民代表大会的听证、审议、立法程序之后方可开征。目前的房产税试点把这些关键之点全部绕开、依据的是国务院第 136 次常务会议的精神，与现行同是国务院颁布的《房产税暂行条例》第五条“个人所有非营业用的房产”“免纳房产税”的规定两相冲突，且与我国《立法法》第八、第九、第十、第十条、第十一条不合，法理依据并不充分。

到目前为止，官方所给出的开征房产税的理由，都是站在征税者的立场上考虑的，几乎没有考虑纳税人的感受。我国家庭和居民个人的综合税负已然相当沉重，特别是广大“房奴”，还贷尚且重负难堪，再增加一笔房产税负担，中国的消费靠谁来拉动？现在官方以“弥补地方财政收入”，或者“调节贫富差距”、“抑制炒房投机”等为理由来宣讲房产税的必要性，都不具有很强的说服力，在民间没有很高的认可度。

房地产不可移动，房产税将来或可成为我国地方财政收入的一个稳定的来源，但是根据以上分析，显然目前时机尚不成熟，所以应当暂时停止房产税改革的尝试，不再继续扩大房产税的试点范围。所有的问题，留待将来再说。

纪念科斯：有一条路通往思想市场

○权威

中国的奋斗，就是世界的奋斗。

“我有重要的话要对中国说”。在2011年11月间的财经年会上，科斯在视频致辞中说道：“过去30年来，中国的市场转型取得了令人惊讶的成就，其经验的核心部分是将私人企业家和市场的力量带回了中国。显然，科斯所肯定的，是中国选择了市场化改革道路而不是其他。若不是在20世纪90年代初期果断地摈弃计划经济而接受市场经济模式，中国完全可能走上另外一条道路。”

科斯接下来指出：“如今的中国经济面临着一个重要问题，即缺乏思想市场，这是中国经济诸多弊端和险象丛生的根源。”他强调，开放、自由的思想市场，或许并不能阻止错误思想或邪恶观念的产生，但历史已经一再证明，压抑思想市场只会导致更坏的结果。中国现在需要一个自由的思想市场，它能够培育宽容开放的社会，是一副有效的对褊狭和自负的解毒剂。

将思想与市场这两个词连接起来，是科斯在著名的产权理论之外的又一项思想创新。思想也可以成为市场，思想的生产者可以在这个市场上自由地兜售自己的思想产品，平等竞争；消费者则可以像选择普通商品一样自由选择，决定是否购买。思想市场首先是个市场，不能搞独家垄断，不能用权力消灭其他思想产品。在科斯看来，让每个人自己去判断思想产品的优劣，才能真正激发起人们的原创欲望和潜力。

在一个社会中，各种价值观、文化、社会习俗等，都是通过资源的交换和自发的写作成长起来的，各种学术研究、制度及技术创新、写作及宗教信仰活动等，都是经由自愿交换和自发的写作而产生的，没有哪位君主有能力就此类交换行为做出事先的计划和发布命令，即使有这样的计划或命令也是低效的和短命的。正如科斯所说的，“在一个开放的社会，错误的思想很少能侵蚀社会的根基，威胁社会稳定。”

在学术上，科斯是把与美国宪法第一修正案（First Amendment）所涵盖的演说、写作及宗教信仰活动称为“思想市场”的，同时指出，这个概念并不见得很准确地描述出第一修正案适用领域的边界，不过这并不妨碍人们对思想市场问题的研究，因为这样一个边界“的确未曾被清晰地描绘过”。

另一位美国经济学家弗里德曼也曾讨论过相关问题。他说，学科的成长与经济过程中的市场的成长相类似，学者们之所以选择相互交流、合作，是因为他们发现这样做对双方的发展各有好处。学者们一旦发现其他人的研究成果对自己有实用价值，就会选择接受，他们通过学术研讨会交流自己的学术收获，或通过学术著述与他人分享自己的新发现。他们希望获得同行和社会的广泛认可和尊敬，就像市场上的消费者期望得到金钱报酬一样，更因为借鉴他人的成果而获得了所从事研究的更高效率。正如汽车是商品市场的产物一样，现代物理学就是思想市场的产物。

中国现在只有一个商品市场，没有一个与其相匹配的思想市场，在市场的标新立异方面一直乏善可陈，所以是一个有缺陷的体制。科斯先于中国人指出了症结所在——它将使中国创新力匮乏，人才的多样性和有效使用被人为阻滞，大学不能承担起文明创造源的使命，整个体制缺少一种道德的和知识的基础，最终将影响经济的可持续发展，而难以成为真正的世界大国。

其实思想市场只是当代中国人才感陌生，两千五百年前春秋时期的诸侯王们求贤若渴，就曾开设过“思想市场”，他们广泛招徕知识分子精英，并不拒绝“草根”的加入，谁的“玩意儿”好，就重用谁，很少用思想和体制的框框加以限制，这才形成了千古闻名的“百家争鸣”

局面。在这方面，现代国人的见识未必赶得上古人。

中国要转型成功，必须允许一个思想市场的存在并下力量把它缔造出来。也许正如科斯所期待的那样，中国早晚会建立起自己的思想市场，改革发展将会受益于思想讨论和思想市场的成熟。

"The struggle for China is the struggle for the world !"

这是科斯生前说的最有分量的一句话，意思是，中国的奋斗就是世界的奋斗。我以此文纪念这位刚刚离开我们的可敬的老人，他的学说有一种魔力，虽然远隔重洋，仍能使此岸的中国人清晰地感受到，什么才是思想的力量。

自贸区：以开放促改革的试验场

○变形

实践经验"可复制、可推广"，才是真正的自由贸易区。

我国改革开放30多年，在取得重大成就的同时，也积累了一些难以克服的深层次问题。比如"上有政策下有对策"，以及体制的惰性和超强的塑型能力等，不少中央政策到了地方层面就变了形，总是脱不开旧体制的影子。此外，受国际需求疲弱及劳动力成本升高的影响，中国的经济增长已经不能继续依赖外贸出口的支撑，必须释放更多的制度红利，带动已经陷入僵局多年的全国性的经济结构调整。所以，中央决定继续遵循邓小平时期的一条重要经验——以开放促改革。刚刚建立的上海自由贸易试验区，就是把要这块28平方公里的地方当作新体制顶替旧体制的一个试验场。

所谓自由贸易区（Free Trade Area），通常是指两个或两个以上的国家或地区，通过签订自由贸易协定，相互取消绝大部分货物的关税和非关税壁垒，并且取消绝大部分服务部门的市场准入限制，开放投资，从而促进商品、服务和资本、技术、人员等生产要素的自由流动的特殊区域，是一个国家实施多边或双边合作战略的重要手段。自由贸易区是所有自由经济区域中仅次于自由港的、开放层次和自由度较高的特殊区域，它既可以吸引外国投资者，发展出口加工业，也可以建立保税仓储，进行商品展卖和转口贸易，允许外资设立金融机构，还可以在这个区域内试行货币兑换自由、外汇进出自由等。现实中比较典型的自由贸易区是北美自由贸易区。我国新成立的上海自贸试验区也属于这种类型。

自由贸易区在世界上的发展势头迅猛，目前已达数十个，范围遍及各大洲，是区域一体化的主要形式之一。缔结自由贸易协定的成员国可以更加便捷地扩大彼此之间的合作以获得互利双赢的效果，同时也有利于推动成员国内部的结构调整，借助外力来促进国内的改革。自贸区能否成为对外开放的“新窗口”，关键在于其在体制、管理、规则上能否与国际贸易谈判接轨，如果不能接轨，我们就有可能被驱赶到新的国际贸易体系的边缘，我们的企业在参与国际竞争的过程中就将面对新的限制和制裁，同时中国企业参与国际投资活动也将受到阻碍。据说，目前我国已经改变对美国主导下的跨太平洋伙伴关系协议（TPP）的消极看法，正在考虑加入该协议谈判的可能性，其基本意图也是在于借此来“倒逼”国内的体制改革。

上海自贸区目前已经放开了三大金融管制，即银行利率市场化（自由化）、人民币跨境流通和松绑外资金融机构进驻规定等。这三大管制，过去是国有银行的坐享超额利润的三张王牌。据统计，2012 年国有银行总获利高达 1.2 兆元，在所有国企利润中占比高达六成。这些银行获取巨额利润的同时，并未将资金投入实际产业，而是通过“影子银行”等手段，大量放贷给地方政府或国企用于炒楼、炒地，造成民营企业贷款难，地方政府债台高筑的怪现象，更使金融体系的风险愈益累积。国务院此次举措，意在迫使国有银行转型，短期内势必冲击其久已存在的既得利益。同时，自贸区还将取消一系列 WTO 规则下的保护和限制措施，实行服务业的全面开放和一系列贸易和投资的自由化措施。

但金融、服务等领域的改革还不是自贸区改革的全部，更重要的是政府职能的转换。自由贸易区既不是特区也不是新区，其目的不在于向中央争取到更多的优惠政策和特殊政策，而在于建立一套与国际接轨的新型的制度体系，实现对投资、贸易等领域的高效管理。国外的管理奉行的是“法无禁止即自由”的准则，而我国实行的是行政许可、审批制度。外商投资的负面清单管理的探索将使得上海自贸区范围内的外商企业管理逐步与国际接轨，审批制也将转为备案制。这就是所谓“以开放促改革”的试验场的现实版，中国又一次处在改革开放的重要转折点上。

作为“自贸区”的第二梯队，天津获批的希望不小。天津是块宝地，是我国最早与日本、韩国开展经贸合作的城市之一，而且早就计划从东疆保税港过渡成为自贸区，筹备比上海早得多。目前东疆二岛的规划已经启动，计划 5 年内投资近 600 亿元填海造地 40 平方公里。笔者认为，比大规模地构造基础设施更重要的，是政府职能的转变，是有利于提升企业竞争力和贸易自由化的制度创新，这样的经验才有可能“可复制、可推广”，或者说，才是真正的自由贸易区。

现代社会中的家庭与税收

○一刀两断

荷风拂簟昭苏我，竹月筛窗慰藉君。

歌德说：家庭和美是人生最快乐的事情；巴尔扎克说：家庭永远是人类社会的基础。人们热爱家庭，依赖家庭生存于这个风雨飘摇的世界上。所以，现代家庭关系远不是教科书上所说血缘和婚姻可以概括的，至少还有财富、居住和饮食等经济因素要考虑。有个说法是，凡同一锅里吃饭的，就是一个家，这叫“衣食共用”，强调的就是经济含义。家庭是经济合作单位，拥有共同的财产、共同的预算，承担着共同的赋税。

上海市 20 世纪八九十年代的经验表明，影响家庭经济最主要的外部因素是住房，现在税收也成为一个重要因素。税收在很大意义上决定着一个家庭可支配收入的多少。从经济学原理看，政府的任何征税和提高税率的行为都会在一定程度上减少家庭财富，并通过“内在关联和传导机制”对家庭的消费支出产生不同程度的遏制作用。近两年以来因婚姻法的司法解释引发的“加名税”风波和地产市场宏观调控“国五条”引起的离婚或假离婚风潮，折射出个体家庭面对税收政策变动表现出的敏感和忧虑。

个体家庭是国家的主要“输税者”，中产以上家庭和知识分子家庭犹是，纳完国税，一家老少才能安安稳稳过日子。《朱子家训》说：“家门和顺，虽饔飧不继，亦有余欢；国课早完，即囊橐无余，自得至乐。”现代社会中，所纳赋税由家庭中的成年个体分担，个人所得税、财产税等直接减少纳税家庭的可支配收入，增值税等流转税间接增加纳税家庭的负担；另一方面，税收也为现代家庭享受养老、失业和医疗等国民福利提供财政来源。税制设计应照顾到家庭的具体情况，复杂的费用扣除标准确保纳税家庭的基本生活水平较少受到影响。

为了深入分析我国城镇居民税收负担构成和税负分布的家庭特征，我们曾对天津市城镇居民家庭的税负进行调查研究，实证分析发现：第一，在消费过程中，城镇居民以间接税的形式承担着绝大部分税负，其负担远高于通过收入环节征收的直接税负；第二，家庭平均人口数对实际税负呈负作用，青年和中年群体的税负大于老年群体；第三，家庭可支配收入对总税负的边际效应存在逆转现象，穷人可支配收入的边际税负高出富人一倍之多；第四，以家庭为单位征收个人所得税制度有利于调节居民家庭之间的贫富差距。

我国个税制度改革的方向应是全面实行综合所得税制，不要过渡，直接取而代之，在技术上并无实质性障碍，此其一；其二，由以个人为单位计税改为以家庭为单位，因为收入和支出是以家庭为单位进行的，夫妻两人工作与其中一人工作，纳税能力不同，需要照顾老人的和无此负担的，纳税能力也不同，所以应把横向公平原则贯彻在个税改革中去。其三，扩大和明确费用扣除的范围和标准，细致计算赡养支出、医疗支出、教育支出和第一套住房的利息支出等，应允许税前扣除。还应考虑公益性捐赠、残疾人和孤寡老人所得、遭受自然灾害的优惠等因素。

与家庭利益密切相关的房产税和遗产税的设计，应坚持婚姻中性的原则，并可如美国税制所做的那样，适当向家庭倾斜；应对征收目的做出对居民家庭具有说服力的解释，即有利于居民社区公共服务的改善，而不只是增加地方政府的收入来源；应贯彻法定主义原则，包括法律救济措施及建立经国民同意才征税的法定程序；应采取妥善措施解决房（遗）产价值评估、婚姻扣除、信托财产隔代征税等问题；应在税制设计上体现减缓资本和财富集中的趋势、均平贫富差距、减少社会财富的浪费，等等。此外，在开征财产新税的同时，还应实施对流转税的实质性减税措施，确保纳税人的整体税负不因税制变动而增加。

范成大诗曰：荷风拂簟昭苏我，竹月筛窗慰藉君。家是人心理慰藉的港湾，是防范外部侵害的避难所，世界上每一个人都终生与家庭结下不解之缘。说家庭是社会的细胞，只是说出了家庭意义的一个侧面，更重要的是，社会的存在是为个体家庭服务的，当家庭利益与社会利益发生冲突的时候，首先要维护的是家庭利益。人们管理好自己的家庭，让自己的生活更加幸福，这才是社会发展的目的，而不是相反。这样的意识早已通行于世界，却还没有成为我们的共识。

公共财政：国家治理的基础和重要支柱

○巧取豪夺

应该算一算，未来若干年内我国的GDP究竟能养活一个多大规模的政府？

美国政治学者福山把现代政治的要素归纳为三点：强大的政府、法治和问责制。他说，后两个要素是用来制约第一个要素的。现在中国只具备第一个要素而尚未具备另两个要素，因此经济高速增长的现状是难以持续的。

中国共产党十八届三中全会文件称“财政是国家治理的基础和重要支柱”，财政被提升到“长治久安”的高度，说明今后一个较长的阶段内，中国将着力从财政领域出发，补课现代国家的后两个要素，具体说，就是税收、预算和财政体制的法治化，以及建构各级政府履行公共服务职能的完整而严格的责任制。

现代财政学的研究成果表明，财政不只是简单的技术或工具的问题，而是塑造现代国家的利器，有什么样的财政就有什么样的国家。财政塑造着现代经济、社会文化与价值、有效率的官僚体制、特定的国家与社会的关系，与此同时，也塑造着这个国家的人民。

按照德国经济学家瓦格纳的理解，整个社会是由政治体系、经济体系和社会体系三个子系统构成的，而财政是连接这三个子系统的媒介。既然财政是“整个社会”的财政，那么，当财政发生危机时，便会波及社会的各个子系统，酿成社会的系统性危机，反之亦然，“整个社会”的危机也就会通过国家的财政危机表现出来。

而我国现实版的经济体制改革并没有把财政作为社会子系统的媒介来看待，而是将社会的系统性危机与财政危机做了颠倒性的理解，使得财政与其中的经济系统的关系显得过于密切，破坏了三大子系统的平衡关系，极易触发整个社会系统出现全局性的危机。新的财政体制改革以衔接三个子系统的节点——财政为主线，对社会各子系统的相互关系进行调整，其目的，显然不只是处理财政领域的局部问题，而是借此重构社会三大子系统的平衡，用以克服已然日益浮现的“整个社会”的危机。

我国改革开放已走过35年，但政府职能和公共责任的定位问题仍未解决，一是政府与市场的界限不清，国进民退、与民争利的趋势难以遏制；二是中央与地方以及地方各级政府之间的支出责任和事权划分不清晰，地方财政高度依赖于中央政府，缺乏自主性。中央政府做了许多地方政府该做的事，而地方政府又不得不做许多中央政府该做的事，地方各级之间也层层向上集权，越到基层越困难。近年来，地方财政收入只占46.7%，支出占比则高达78%以上，比例严重失调。过度集权的结果，是财政秩序紊乱，成为腐败的温床，而效率必然难以成长于其间。

未来中国的财政体制改革，其重心应该在地方，特别是县乡基层政府的层面上。今后，建构公共财政体制的逻辑是自下而上，而不再是以往的唯上主义，而且一定是法律而不是一般性的规则起作用。所谓央地“两个积极性”，也只有从这个意义上理解才有实际价值。当前应该做的事情主要是:

● 在总体税负不变的前提下重构地方税主体税种，办法是分割增值税和刚刚归并于增值税的营业税，在商品零售环节上征收销售税，此举还对不同地域的公共服务及政府间关系具有难得的公平含义；

● 销售税，还有酝酿中的房产税等，其开征与治理的决定权归地方，注意不是中央开恩“放权”，而是法律意义上的“分权”，地方政府也就不必冒道德风险，以不合法的税收优惠“关照”属地企业了；

● 在各级政府支出责任与经合法授权之后的事权基本适应之后，所谓“事权与财权相匹配”便不再是个如何重要的问题，可以在主体税种共享而不是从税种上彻底分家的基础上建立起规范的分税体制，其

实世界上多数分税制的国家就是这么做的:

● 建立全国性的基本公共服务最低标准，所谓转移支付的均等化才是可能的，接下来，对体制便只是个“分钱”的技术层面的要求了，难度并非大的不得了;

● 促进预算和财政信息透明化，在此基础上才谈得到人大审议监督和公众问责，加上民众所交之税与其所享受的公共服务不再被税制割离的因素，体制的纠错机制才能真正建立起来。

为建构现代财政制度，学者们和政府应该先算一算，未来若干年我国的 GDP 究竟能供养得起一个多大规模的政府，并开出一份政府行为的“负面清单”来，这才是今后一个时期我国社会发展的真问题，也是必须回答好的问题。

大革命前夜的思想激荡

○加固

某些河流沉默地下，却又在新的河岸看到同一条河流。

18世纪70年代的一天，巴黎警察总监尼古拉·贝尔耶在他宽大的办公桌前阅读一份报告。这份报告是他的手下、图书贸易监察官约瑟夫·埃梅里刚刚呈交上来的，涉及一个名叫弗格勒·蒙特布隆的人。报告说，蒙特布隆是一个驿站站长的儿子，善于写作，常利用讽刺作品和“诽谤言辞”反对政府，其中有些内容涉及贝尔耶本人。这一次，“他因写作一部坏小说而被捕，手稿在其住所内被没收。”

贝尔耶的官衔是警察中将，手下有3000名警探，大约每200个巴黎人就配置有一个警察，这个比例大大超过今天美国主要城市的警力配备。而埃梅里的工作，是对书籍、文章的作者们进行追踪监视，他向贝尔耶提交的报告，就是从堆积如山的由剪报、截获的书信、警探情报和监狱审讯记录中提炼出来的。当时，全法国大约有400多位作家和学者被列进黑名单约占1/3，其中既有让·雅克·卢梭这样的倍受社会尊敬的思想家，也有蒙特布隆这样的小有名气的作者。在警察的严厉控制下，凡是威胁到教会、国王权威、“公共道德”的书籍、小册子甚至歌曲，都会被查禁。如此严加防范的目的，就是要将任何威胁稳定的苗头消灭在萌芽状态。

实际上，真正令巴黎警察恐惧的，是启蒙时代的思想家们，是他们创造了一种鼓励政治和社会批判的文化，使得第三等级中受过教育的人士能够用理性、人的自然权利，以及自由、平等的概念，对贵族特权和社会不平等现象展开激烈批评。启蒙运动给社会下层的人们以思想武器和语言工具，使得长久以来积压在市民和农民中间的对经济和社会的不满情绪，最终在一场革命性的社会动乱中爆发了出来。

这个时期，公众阅读对有关哲学、艺术和科学方面的书表现出越来越大的兴趣，如狄德罗的《百科全书》、伏尔泰的作品集等，都登上了畅销书排行榜。虽然书的价格并不便宜，但大部分图书可以从遍布全国各个城市和外省的图书馆里借到。图书的进货渠道也日渐多元。在比利时列日省的书店门前，经常堆放着成包的图书，这些书被运往法国。为了躲过国家警察的检查，法国的作家们经常到国外出版自己的书，然后将这些书通过秘密渠道运回国内。

旧制度的最后20年充满了激烈的政治论战，报刊上连篇累牍地报导美国宪法，各种小册子对凡尔赛宫里的权势者和体制的奉承者展开轮番攻击。在沙龙、咖啡馆和文学讨论中成长起来的批判精神，迅速扩展到政治辩论的公共领域。事实上，许多讨论并不是严肃的政治问题，而是王室和大臣们的不端行为、官场丑闻。这些充满了趣味性的传说不仅暴露了贵族的堕落，也剥去了君主、教会和社会等级制度的神圣光环，使得贵族成员与第三等级之间的关系更加对立。

就这样，一直到1789年，法国各个社会阶级和阶层凡受过教育的人们终于相信了伏尔泰曾经说过的一句话是多么的准确："舆论统治世界"。帕尔默也曾指出："意在影响公共舆论的各种运动，在旧制度的最后几十年间成为法国社会最强大的力量。此类运动大多数是以理性、权利和正义的名义来吸引公众支持的。"显然，启蒙文化中的怀疑和批判思想，就是通过上述途径，进入了最终导致革命发生的政治冲突中，再也无法停止了。

200多年来，就启蒙思想家们的那些作品是否导致了1789年事件的问题，人们一直争论不休。应当指出的是，哲人支持社会启蒙，他们自己却不是革命家和实践者。在民间，政治理论著作远没有长短篇小说和社会讽刺作品流行，那种认为启蒙思想家点燃革命之火的说法，理由并不足够充分。当然，这样说并不否认启蒙运动对公众参与、公共辩论和舆论等新形式的出现所做的重要贡献，其对国王和贵族传统权威所提出的挑战更是前所未有。至于启蒙时代的主导思想，即对自由、平等、博爱以及理性和科学的信仰，早已成为世界的普世价值、永恒主题，是不能被否认的，也否认不了。

读《旧制度与大革命》一书后，有一段时间总想写点什么。我的体会是，无论思想禁锢、言论控制以及各式革命的扫荡有多么的激烈，统统都是暂时性的，像一阵阵的暴风刮过，而人类文明总是被一代代的人们承前启后地承袭着的。甚至可以说，革命在某种意义上说也是一种继承，一种激荡旧制度、启迪新文明的继承，只是代价委实太大了一些。正如托克维尔指出的，旧制度有大量法律和政治习惯在 1789 年那年突然消失，却在几年以后重又出现。恰如某些河流沉默于地下，又在不远的地方重新冒头，使人们“在新的河岸看到同一条河流”。

“被”纳税与“明”纳税

○脑袋里就少·这根弦！

间接税的诡异在于，不管你愿不愿意，你天天都在“被”纳税，而自己却不知情。

尊敬的先生，或女士，自降生在这个世界上的时候起，赋税就与你我如影相随了。如西方人常说的，“无法逃避的只有死亡和纳税”。几分责任感，几分法制意识，也有几分无奈。看得出来，你，还有我，无论我们有没有收入、有没有财产，无论是贫穷还是富有，无论我们的社会地位是高还是低，你我都是这个国家的不得不忠实的纳税人。

不知你注意到没有，我们生活在一个以间接税为主体税种的国度里，增值税、消费税、营业税这类税收占据了我国税制结构的最大比重。作为纳税人，我们除了要按时交纳个人所得税等这些“明面儿上”的税之外，还要交纳以“隐蔽税”形式存在的间接税。

你知道什么是间接税吗？它是含在商品价格里、税负能转嫁给他人承担的那类税种。当你在商场里掏钱买东西时，你看到的价格，那里面有文章——厂家或商家所转移在这件商品里的税款已经包含其中。由于价款和税款没有分别标出，是合在一起的一个数字，你很容易以为那就是商品的实际价格，而纳税的事与己无关。其实正好相反。你或你的家人去商店买任何东西，都已经在交税。间接税的诡异就在于，不管你情愿与否，天天都在“被”纳税，而自己却毫不知情。

与间接税相对应的是直接税。直接税与间接税的区别在于，它不可以转嫁，只能由交税者自己承担。在整个商品流转环节中，每个环节的企业都只是税款的缴纳者，而不是税收负担的真正承担者，而真正承担起所有环节层层“结转”下来的最终税负的，就是购买这件商品的消费者。在税收学上，这叫“负税人”，即实际负担税款的单位及个人。在税负不能转嫁的条件下，负税人就是纳税人；在税负能够转嫁的条件下，负税人并不见得是纳税人，而只是税款的交纳人。

所以，作为一名现代社会的合格纳税人，你得明白自己究竟给国家交了多少税。请注意，不是看每月工资单上被扣了多少税款，那只是你承担税收的 部分而已，你所承担的一部分或大部分税收，实际上早已经用自己的收入支付过了，你可能对此毫无察觉，或者只是感觉自己怎么“收入少了”、“钱毛了”，其实，这可能是你承担了太多与收入不大相配的隐蔽税负担的缘故。可惜，这个账，在当今的国人中，至少到目前为止，没有几人算得清楚。

在我看来，以间接税为主体的税制体系，很难体现税收的公平性和量能负担原则，因为它几乎可以涉及一切商品和劳务，很少有哪个税能像它那样，征税对象如此普遍，税源如此丰厚。它可以不问生产者在一个生产周期中生产、经营成本几何，是否可以获得盈利，也不必问最终消费者的收入水平、承受能力如何，而是“见发票就开征”，谁买东西谁承担。它可以保证财政收入及时、足额地征收入库，技术也简便易行，总之好处都留给了征税的一方，所以它是政府们所钟情的税收。

间接税偏高，会促动物价上升，有阻滞民间扩张消费和经济增长的负面作用。购买贵重的进口奢侈消费品，税款可能要占到价款的一半；即使只是购买普通日用消费品，也还是逃不过税负，如水银泄地取之于无形。此外，由于政府可以把税收加在商品的价值或价格之内，间接税便无需得到纳税人的同意即可征收，在法理上也有欠缺之处。

现在，你应该清楚了吧？现实生活中，随时随地，你都是一个货真价实的“负税人”。在我看来，只有负税人才是完全合乎法律意义的纳税人，他们的地位应远高于那些只是把税负转嫁给他人的税款交纳者。两者之深层区别，非专业人士经常搞不懂其中的奥妙。

还请你注意一个问题，并不是所有的所得税都是直接税，在我国，最典型的直接税只有个人所得税，以及未来要开征的遗产税和赠与税，企业所得税从根本上说是可以转嫁出去的，老板们总会找到转嫁它的办法。而那部分已经完成转嫁的企业所得税，性质就发生变化了，已经带有间接税的因素。在我国，2009 年全部税收中，70%是间接税，另 30%中有 21%是企业所得税，而典型的直接税——个人所得税，只占 7%。与其他国家相比，我国的间接税比例显得过高，而财产保有环节的税种，在我国还是空白。

既然在我们国家财产保有环节的赋税是缺失的，那是不是应该增加该环节的征税，如财产税（不动产税，即“物业税”以及遗产税、赠与税等）?

理论上说是对的。直接税可提升纳税人的国家主人意识，使人们更加关注税款征收的合法性来源和税款的去处，这将有利于民主宪政制度的扎根，实际上，世界上最早的宪政民主制度就产生于直接税而非间接税。此外，以直接税取代间接税还有利于降低企业税负，在市场充分竞争的条件下可促使企业下调商品价格，激励社会有效需求，宏观调控也就可以不再为内需如何扩大而头痛。

话虽如此，但我还是不敢在今天的中国呼吁政府扩大直接税的比重。因为开征此类税收的一个大前提我们还不具备，即直接税的立宪主义，征收这些税的法理依据还不充分。若政府征税的权力得不到有效制约，开征财产保有环节的税就不见得妥当，因为它很可能导致纳税人的既有高税负的基础上又添新税，而增值税等旧税又减不下来，会进一步加重民众的税负。这样做对谁最终都没有好处，无论对纳税者，还是对征税者。

这些日子，关于征税的事，套用朱自清先生的话说，社会上“颇不宁静”，开征房产税，按照排量征收车船税，以及“十二五”期间要开征的环境税等，闹得沸沸扬扬。每个税种都可以找到一堆“正当的”理由，但最终结果却都无一例外是增税。这一点，大众看得已经很明白，对日益增重的赋税的忍耐力也已然下降，说怨声载道亦不过分。这一点，想必你比我看得更清楚。

若民众感受到被征收的税用于提高福利改善境况，则不会有此情绪强烈反弹。但我国财政资源的分配使用存在问题。蛋糕已然做大，分配却不合理，政府所提供的公共服务与其所收税款的数量不匹配。当纳税人税负已经很重，却没有感受到幸福和福利的增加，凭什么有继续承受高税负的热情？

所以，在分配机制不很正常、征税权力得不到有效制约的情况下，我不赞成增税，也呼吁国内的经济学家们不要再给政府提出加税的政策建议。如果有人提出了，我奉劝他们收回。当然喽，收不收回，那是人家的自由。

个税改革的大方向：以综合税制替代分类税制

在所有的税制类型中，只有综合所得税制最具公平性。

个人所得税因直接涉及亿万纳税人的切身利益而受到国人的普遍关注，讨论过程中，大家的纳税人意识和担当都有明显增强，这是社会进步的表现。不过，税收历来号称难懂，专业性较强，眼下就有不少人把个税改革看作“起征点”提高或税率级距的调整，其实这是一种认识误区。我国个税改革的给力点不在这里，而是以综合税制替代现行的分类税制。

不公正的分类税制

所谓分类税制，就是对同一纳税人在一定时期内的各种所得，按其所得的不同来源，将其分为不同类别的所得，如工资、薪金所得、稿酬所得、特许权使用费所得等，并对每一类所得按照单独的税率分别计征所得税。一般来说，分类所得税制有计征简便、易于控制源头、能有效地防止逃税的优点，但显然这些优点是对于征收管理水平和效率较低的政府来说的，对纳税人就不那么乐观了。因为分类税制不能全面反映纳税人的真实应纳税所得的水平，容易造成应纳税所得来源多、综合收入高的纳税人不缴税或少缴税，而应纳税所得来源少、收入相对集中的纳税人多缴税的现象。

例如，甲某在不同的地方取得工薪所得、劳务报酬、稿费这三项收入，假若每项所得费用为 800 元，虽然甲的月收入达到了 2400 元，但是却不用缴纳个人所得税。乙某与甲某月收入相同，全部来自于工薪所得，却要按规定缴纳个人所得税。这样，收入结构单一、由单位代扣代缴的工薪阶层，成了最“疏而不漏”的纳税者，而那些收入结构复杂、收入来源广泛的非工薪阶层，却往往因为其收入的哪一“类”

○更新换袋

都够不上起征点，且无人跟踪追缴，反而可以不缴税或少缴税。养活一个人的 5000 元与养活一家三口的 5000 元承担的税负完全一样，这就明显的不公平了，与“量力负担”的原则背道而驰。

此外，现行税制将个人收入分为 11 类，按不同税率计税，也造成同等数额的收入因其来源不同而税负不同的结果，也就是赚同样多的钱，交不一样的税，甚至有可能劳动所得交的税高于非劳动所得、勤劳所得交的税高于非勤劳所得的税率倒挂现象。

有鉴于此，我国确定了综合与分类相结合，综合为主、分类为辅的税制改革方向，即将个人的部分经常性收入，如工资薪金、劳动报酬、稿酬、财产租赁、财产转让等有费用扣除的项目合并归总征收个人所得税，不再按照收入来源的不同分别计税，而将没有费用扣除的其他临时性、偶然性的收入，如利息、股息、红利所得、股息转让所得等实行分类单独征收，这样，大部分个人收入就可以避免由于重复扣除费用所带来的税负不公平现象的发生。

为推行综合所得税制创造条件

个税征收以综合所得税制最为公平，但这种税制是建立在个人自行申报基础上的，要求税制本身能够较为充分地体现公平正义、纳税人有较高的纳税人意识、税务机关有较强的技术和征管能力，这些条件我国目前还都不大具备，近年来个人申报，以分类综合所得税制作为过渡，实在是一个不得已的选择。

为了推进税制由分类向综合与分类型税制过渡，可以先把工薪所得、个体工商户生产经营所得、承包承租经营所得、劳务报酬所得、财产租赁所得、财产转让所得、偶然所得和其他所得等综合成为八个课税项目，其中的“个体户生产经营所得”，因已包含个人投资者开办独资、合伙企业的所得，可改为“生产经营所得”。列为分类课税的稿酬所得、特许权使用费所得以及利息、股息、红利所得等三项，其中的“稿酬所得”属于著作权所得，可并入“特许权使用费所得”。

如此设计，就囊括了公民个人的大部分所得，形成经常性的个人收入项目，为将来逐步过渡到完全的综合所得税制创造了必备的条件。

个税改革呼唤公平

降低边际税率、调整税率级距的选择是对的，这个问题的重要性一点也不亚于免征额的调整。自20世纪80年代以来，美国等西方国家和不少发展中国家，为了刺激人们工作、投资、储蓄的积极性，大幅度降低了最高边际税率。例如，美国的个人所得税1915年边际税率只有7%，由于战争的原因，1944年提高到创纪录的94%，20世纪80年代以后步步下降，2006年降到35%，“经济合作与发展组织”国家个人所得税的最高平均税率则降低到35.85%。

目前我国工薪所得最高边际税率显得过高，导致我国个税的平均税率明显高于欧美及许多发展中国家，也大大高于中国香港和台湾地区，既不利于刺激个人工作的积极性，也不利于应对国际人才争夺战。既然如此，不如把税率降下来。比如，以现行超额累进税率表为基础，参考企业所得税25%的税率水平，可将现行45%的最高边际税率也降至25%左右。

我国已经意识到九级超额累进级差过多的问题，正在做相应调整。两次世界大战期间，所有西方国家均实行了多级累进税率，有的多达数十级。但是，进入20世纪80年代以来，在税率大幅度下降的同时，税率级距也明显减少，“经济合作与发展组织”有16个国家的税率级距平均从10级以上减少到不足6级。其中英国从10级减少到两级，欧洲和西亚多个国家甚至实行了单一税率。在我国，有个五级左右的税率表也就够用了。

税制中原有的一些比较特殊的规定，还可以根据实际情况继续执行。例如，对个人提供专利权、商标权、著作权、非专利技术以及其他特许权的使用权取得的所得，20% 的税率水平不算很高，可继续维持。再如，为了鼓励私人投资，对利息、股息、红利等所得，也可维持原有 20% 的税率。也就是说，个税的“分类”与“综合”相结合的混合税制里面分类部分的税率，大体上都可以实行 20% 的税率。

还应该看到，就是实现了分类综合所得税制，也并不标志着个人所得税制改革的完成，我国个人所得税制改革的最终目标应该是实行综合所得税制，即按纳税人的综合所得确定累进税率的档次，因为在所有税制类型中，只有综合所得税制最能体现量能负担和公平的原则。为了达到这个目标，我国应实行真正的金融实名制，建立个人收入的信用化体系，推广信用证和个人支票制度，建立对个人收入、支出的结算信息系统。在这个前提下，将纳税人所有的收入都归并在一个身份证或税务号码下面——所有金融方面的信息在金融机构的电脑里都能够顺利而准确地查到，这才能“综合”成为个人所得税的计税依据，改变对高收入人群“无效调节”的现状。这也是实现税收公平的必要前提。

此外，我国还应当致力于构建调节收入分配的一揽子税收体系。与此同时，应当在法治和民主的框架内推进税制结构的改革，降低流转税（增值税、消费税等）的比重，提高所得税类的比重，最终形成与发达国家相近的、以所得税为主体税种的税制体系。将来条件具备了，还可以进一步向单一税制发展，像今天的俄罗斯和其他一些欧洲国家那样。当然，这是个巨大的工程，可能需要经历十几年甚至数十年的时间才能变成现实。

厘清环境税

○削履适足

至少在可预见的几代人之内，“国在山河破”的局面很难改观。

1992年联合国环境与发展大会确立了可持续发展战略，西方发达国家一般就是在此前后开始征收环境税的。报载，我国也要开征环境税了，“具体研究制定工作”是由财政部税政司、国税总局地方税司和国家环保总局政策法规司等三部门联合进行的。

我国以往的税收制度，多是以经济增长为目标而设计的，不是为了保护环境，如增值税、消费税、资源税、企业所得税等，尽管其中含有一些促进环境保护的政策规定，但直接具有环境保护意义的税收政策很少。少量涉及环境的税收也是偏重于对资源开发利用征税，而征收了十余年的环境保护费由于缺乏刚性，在减少外部性方面所起的作用相当有限，从这个意义上说，在我国设计开征环境税确实十分必要。

环境税并非法律意义上的独立税种，而是与环境污染与资源损耗有关的多税种的总称，也可称为生态税体系，如大气污染税、水污染税、固体废物税、农业污染税、垃圾税、噪音税等。财政部科研所完成的一份研究报告将其做了一定划分，提出了一般环境税、污染排放税、污染产品税三种可选方案，征收原则分别为“受益者付费”、“污染者付费”和“使用者付费”等。

环境税的征税对象主要是社会消费品，而社会消费品又分为一般生活消费品和奢侈消费品两类。对一般消费品不能征税或只能象征性地征收少量的税，如果不是这样，就违背了税收公平的基本原理，也会导致税收的“累退效应”，使环境税征收失去正当性。比如，在我国北部或西部农村，农民冬天取暖的原料主要是煤炭，是农民的生活必需品，而煤炭燃烧是破坏环境的因素之一，可能被列为环境税的征收对象，但如果对煤炭征税，必将提升煤炭的购买价格，加大低收入农民群体日常生活的成本。农民可能不得不减少煤炭购买量，或减少其他生活必需品的购买量，两种不得已的选择都会降低他们的生活质量，而少数收入较高的农民所受影响就较小，这就形成了所谓税收的“累退效应”。所以，环境税的设计应精心选择课征对象，对具体产品与民生的关系做细致的分析处理。

环境税的税率，以“适度”为宜，过低显示不出环境税的激励效应，难以影响人们的行为；过高则会造成生产抑制，导致社会为此付出过大代价，无法起到预期的调整社会行为、保护环境的功效，甚至会导致破坏环境的秘密违法行为。环境问题十分复杂，制定税率切忌“一刀切”，应施行差别税率，由各地根据所辖地域的气候条件、人口密度以及对环境清洁的需求程度确定适用税率。此外，税率还应富有弹性。随着防治污染技术与装备的提高与更新，治理污染的边际成本会不断下降，环境税税率也应随之调整，这可以使整个社会防治污染的总成本趋于缩小，这才算得上是好的环境税。

环境税应对所有的企业一视同仁，中小企业与大型国企适用于统一的税率，不应以隐性补贴的方式给大型国企以财政返还，如政府给予中石化等公司类似的补贴，其结果必然是使税收的激励机制无法通过价格传导发生作用，最终使环境税的征税意图落空。应通过导向型征税或税收减免等政策，激励企业开发并应用清洁生产技术和工艺，从产品的设计、制造时就考虑到污染、拆卸、废弃品回收等环境问题，将生态意识贯穿到生产周期的全过程。对采用高新环保技术的企业应给予更多的税收政策鼓励。要防止任何人以任何借口干扰环境税的正常运行，例如，目前 GDP 仍是各级政府官员政绩考核的主要标准，在地方政府的默许下，长江口等地的造纸厂排污管直通入海口，许多地方赤潮、蓝藻泛滥。只要这种状况存在，环境税的保护环境之意义便是空的，到头来不过是一种政府增收的手段而已。

我国税收一般遵循统筹使用的原则，而这个原则不适用于环境税。环境税只能定向用于改善环境，补偿那些遭受环境污染或影响的人们，不能挪用于他处，这样才符合环境公平的理念。各级人大应确立相应的法律制度规范，防止环境税被挪用。如果环境税征收量不足以有效治理环境，人大安排财政预算时就应当“填平补齐”，保证其增加幅度明显超过经济增长的速度。只有这样，才能为改善我国生态环境提供充足的物质保障。目前政府财政实力越来越雄厚，已经完全具备加大环境投入的担当能力，“国家财政困难”不应再是不作为的借口。目前财政部已经准备施行新的政府支出功能分类，增加了“211 环境保护”科目，基本涵盖了污染防治和生态保护的全部事项，使环保在政府预算科目中有了户头，如今是往户头里“存钱”的问题了，这个钱就应该来自于未来开征的环境税。

环境税就其属性来说属于间接税，虽说是由企业交纳，但可以转嫁，最终的负税人还是产品的消费者，所以从税制设计角度说，如何使税负主要落在污染环境的企业而不是广大无辜的消费者身上是个需要认真考虑的问题。另外，征了环境税，还应当考虑对现有税制结构做一些调整，在其他方面减一些税，或降低一些税的税率，如社会保障缴款、个人所得税中的工薪税等，确保民众的赋税负担不因环境税的开征而加重。现在民间反对重税的声音已经很高，政府征收新税还是持相对谨慎的态度为好。

中国的环境污染问题，不是简单地开征一个税就可以解决的，这不仅因为税法税制所起的作用有其自身的局限性，还因为环境治理要受更多的外部条件的制约。环境污染问题虽出在企业，但责任却是在政府自己。如果不对单纯追求经济增长的发展思路进行彻底反省，中国人，可能在可以预见的几代人之内，“国在山河破”的局面很难得到改观。在环境问题上，说过什么并不重要，更不是自己说了就算数，而是在于你做了什么以及仍在做什么。

不能给税收穿上隐身衣

○崂山道士新篇

一国选择什么样的税制，经常与其体制有着必然的联系。

价外税与价内税

在国外有过购物经历的朋友都知道，店家商品标价签上的数字经常并不是购买者实际支付的价格，售货员打的购物小票上会多出一个数额来，这个实际支付款项与标价签上的数字之间的差额，就是Tax，即附加在商品价格之上的税收。按照税收学的分类，这种附加之税，名之曰“价外税”。

价外税和与它相对应的价内税，是商品和劳务税收的一种区分方法。一般说，凡税金作为商品和劳务价格组成部分的即为价内税，其计税价格是含税价格。我国现行税制中的消费税和营业税就是价内税。价内税的特点是税随价走，水涨船高，纳税者不易察觉，可隐秘地取得财政收入，计算也较为方便，对征税一方的好处显而易见，而税负，则全部由消费者承担。例如，消费税的14个税目，税率从3%~45%不等，如甲类卷烟的税率高达45%，生产者会将税负加进产品的价格中转嫁给消费者，谁吸烟，谁就承担了该件产品的全部税收，所以卷烟价格才会背离其价值那么远，这是人人知晓的常识。

凡税金附加在商品价格之外的，就属于价外税，这时的计税价格便为不含税价格。我国现行税制中的增值税就是一种价外税，即根据销售商品或劳务的销售额，按规定的税率计算出销项税额，然后扣除取得该商品或劳务时所支付的增值税款，也就是进项税额，其差额就是增值部分应交的税额，这些内容都在增值税专用发票上分别予以注明。在商品的零售环节，最终消费者在支付货款的同时，还须支付附加在商品价格以外的税款。在许多国家，这种附加在商品价格之上的税款都会以清晰的方式通知消费者。拿过购物小票（消费者购物时由商场或其他商业机构给用户留存的销售凭据），一目了然。

市场经济要求价外税

不少人认为，价内税、价外税只是两种不同的计税方法，与该国的经济体制无关。其实不然。一国选择什么样的税制，经常与其体制有着紧密的联系。一般说来，价内税是计划经济制度的产物，而价外税是市场经济体制的必然。

在计划经济体制下，产品价格完全由政府制定，人为地背离其价值是常态，其所导致的企业利润水平差异并非生产者主观努力的结果，而是不同的价格政策所然。由于这种利润水平的差异会影响到生产者的行为，客观上就提出了平复高价政策给某些企业带来的超额利润的要求，于是在计税方法上也就必然选择价内税。因为只有价内税才能使税收对利润产生直接的挤压作用。

而在市场经济条件下，资源配置主要听市场的，价格指示器引导市场供求关系，任何对价格的人为干扰都会导致资源配置的低效，这在客观上就要求采用价外税。这是因为，市场经济条件下的产品价格能够比较准确地反映市场供求关系，无论价格高于还是低于价值，无论投资者的资本是转移进来还是另投他处，生产经营者获得的利润总能保持在一个大体的平均数上，也就无需税收进行调节了。税率的设计也应该是少档次的，甚至可以采用单一税率。这时的税收政策，也就能更多地体现出中性原则。显然，市场机制运行最需要的是这种类型的税收政策，而非其他。

价外税提醒消费者：你是纳税人

这是从理论上做的阐释，在实际运作中，价内税和价外税也存在明显区别，前者让人懵懵懂懂地纳了税还不自知，而后者却提供了某种可能，可以把税纳在明处，纳税人心中有数。购物小票上的一行字提醒着人们：你是一个纳税人，是这个国家的政府机构和其中所有的工作人员的供养者。如有些国家所做的那样，在零售环节（或服务行业）

的商品售价(或服务收费价格)上分别标明商品价格或服务收费价格多少，以及所纳税金多少等等，这才是地道的价外税。

我国增值税作为价外税的意义并不完整，在零售环节上依然沿袭了价内税的形式，即商品价格(或服务收费价格)在价签上标出来的只是一个数字，价税还是不分的，价外税的真正含义也就没有真正体现出来。

例如，北京中关村电脑零售市场上的电脑配件的报价销售中，消费者如果向销售者索求发票，就会被要求支付价格之外的税款，而在商品的价签上，并没有明确标示出任何有关税收的信息。这是个非专业人士难以注意到的奥秘，税收完全隐匿在价格之中了。

严格说来，在中国，对商品和劳务征收的间接税采用的基本上都是价内税形式，价外税只存在于零售之前的环节中，对消费者来说没什么实际意义，甚至可以说，中国根本就没有真正的价外税。当初之所以采取这种奇怪的“价外税”形式，据税务部门的解释，是担心消费者难以接受价税分离的现实而引起物价上涨。此说不无道理，但对于税改十几年以后的消费者来说，如若人们明白了价内税和价外税的真实含义和差异，其感受与改革之初肯定会有所不同了。

价是价，税是税

无论价内税还是价外税，都是流转税，即对商品销售额征税，而不包括所得税、财产税、行为税等税。与对企业和个人的应纳税所得额(利润)征税不同的是，流转税理论上都是可以转嫁的，即销售者可以把税金包含在价格之中转移给别人，而最终消费这件商品的人无从转嫁，也就成了结转下来的所有税金的最终承担者。在税收学上，这叫税收的“最终归着点”，也就是税负转嫁的终点。这时的纳税人，已是实打实的“负税人”，前面各环节的交税者，在商品的买卖过程中承担的不过是过路财神的角色而已，除非商品卖不出去。无论价内税还是价外税，在这一点上无甚区别。

西方一些国家，比如美国，在商品零售环节征收销售税采用的是价外税形式，如本文开头所举的例子，商品价格与税金完全分离，价是价，税是税，互不相扰，支付价款的同时补足税款。人们对此早就习以为常，价税含混不清反倒是难以理解的。

显然，实行这种价税分别标示的价外税，可使消费者更加真切地体会到税收负担的存在，了解到自己为公共物品和劳务的供给承担了多少税收成本，政府的财政支出与公民税负的内在关系被清晰地揭示出来，也就有利于公民社会的形成和宪政民主观念的普及。价外税之下，税收不该也不能隐身，它应该清晰地呈现在每个纳税人的面前，与商家销售一样，童叟无欺。

为了更好地发挥税收的调节作用，我国目前的消费税似也应由价内计征改为价外计征。采用价内计征的形式，消费者难以感受到课税的压力，人们关心的是价格而非价格里包含着多少税金，这使消费税的调节意义打了折扣，也不符合税制透明的原则。而价外计征，消费者除了支付应税消费品的价款外，还要支付消费税金，如此便能使其切实感受到课税压力，促使其调整自己的消费行为，从而税制的调节功能便也可以更好地得以实现。

随着人们对流转税税负归宿了解的逐步深入，我国会有越来越多的人倾向于支持将税款和价格分开来表示，即实行标准的价外税。目前国内购物小票多数还不能作为正式发票使用，上面一般都有在多长时间之内可以开发票的说明，但现在也有一些购物小票可以直接用发票的模版打印出来，这样就可以作为发票使用了。现在这种趋势变得越来越明显，北京市就计划在近期全面推开此项改革，我们希望它能够顺利实施。重要的是，别忘了在上面标示出购买该商品需要支付多少税金。

完善政策 重启改革

改革不是总有机会的，一再丧失机会的结果，将是想改革而不成，一错到底。

发达国家税收政策各具特色

我国中小企业已成为促进经济增长和推动技术创新的重要力量，但由于单个中小企业的规模小、实力单薄，在市场竞争中往往处于不利地位，而中小企业赋税过重，一直是制约其发展的瓶颈。中小企业的最大愿望是得到宽松、自由的创业和创新的发展环境，特别是政府给予同等的赋税政策，让中小企业能够正常交税。在这方面，应该借鉴西方国家支持中小企业发展的税收政策。

在中小企业所得税优惠方面，美国主要实行了四种方式。一是纳税方式的可选性。如果一个企业符合美国税法中有关中小企业的规定，便可以从两种纳税方式中任选一种：（1）一般的公司所得税，税率为5%～46%的超额累进税率。（2）合伙企业的所得不必缴纳公司所得税，而是根据股东应得的份额并入股东的个人所得之中，缴纳个人所得税。二是降低税率，1981年制定《经济复兴法》，将涉及中小企业的个人所得税税率下调了25%。三是减轻对企业投资的税收，包括两点：（1）投资抵免，购买新的设备，凡法定使用年限在5年以上的，其购入价格的10%可直接抵扣当年的应付税款；若法定使用年限为3年，抵免额为购入价格的6%。某些不动产以及某些购入的旧设备，也可以获得一定程度的税收抵免。小型企业的应纳税款如果少于2500美元，这部分应纳税款可百分之百用于投资抵免。（2）亏损结转：中小企业的股东从公司得到的损失可以用来对抵从别的来源所得到的收入，如从别的公司得到的工资收入。对中小企业的股东从公司分摊的损失，扣除数额不能超过股东的基值，超过部分要结转到以后年份，结转的期限没有限制。对损失数额超过股东基值的部分，按比例从股东其他

○观棋佈语

收入项目中进行损失扣除。四是鼓励中小企业加大科研力度的政策，包括两点：（1）通常的研究开发费用如果在课税年度超过过去3年的平均发生额，其超过部分的25%给予免税。（2）在从事基础研究时，把各税收年度的研究开发费的65%作为非课税对象。同时还实行企业科研费用增长额税收冲减。

日本对中小企业的所得税优惠政策也值得借鉴。一是降低税率，对资本金在1亿日元以下的中小企业的年度所得，分两部分征税，对总所得在800万日元以下的部分按28%的税率征税，超过800万日元的按37. 5%税率征税，对具有公益性质的中小企业的年度所得均按27%的税率征。二是鼓励中小企业增加科技开发投入的政策，规定中小企业的试验费的6%可以从法人税或所得税中扣除(扣除额不能超过当年法人税或所得税的15%)。企业为提高技术能力而购入或租借的机器设备，在使用的第一个年度里或是作30%的特别折旧，或是免缴7%的所得税金。三是实行准备金制度，日本建立了多种特定准备金，针对中小企业设立了中小企业改善结构准备金。对于提取的准备金款项，不计入当年的应税所得，年度终了使用有结余时交回再提。

除所得税外，其他方面税收欧美国家做法也可圈可点。比如加拿大，对于年营业收入少于20万加元的小企业，提供较长期的缴税宽限期。政府支持小企业雇员与雇主之间设立期货式的股权合约，企业股票出售时雇员优先购买。如果股票被持有两年，按其收益的75%计税。

德国则实行在落后地区新设立中小企业可以免缴营业税5年，对落后地区的中小企业使用内部留存资金进行投资的部分免缴财产税，对于增值税方面，凡上年销售额或劳务费低于25万马克的中小企业，可以采用实收实缴法，以实际当期收到的销售额或劳务费计算上缴。

完善我国中小企业税收政策

应该结合我国的国情，适当借鉴这些国家的有益做法，完善我国支持中小企业发展的税收政策。在鼓励中小企业加大研发方面，可借鉴美国的做法，如果中小企业课税年度的研发投入超过过去3年的平均水平，超过部分的50%可以考虑从应纳税额中扣除。同时，鼓励投资的措施还可以考虑对中小企业的经营利润用于再投资的部分，给予免税；对于已征税的部分，给予退税。对于鼓励增加就业机会相结合的政策，一是要继续完善对积极吸纳残疾人，下岗职工和失业人员的所得税优惠；二是对下岗职工和失业人员创办的小企业，继续给予适当的减免税，并提供一定的税收宽限期。

还可以考虑实施一些其他的支持措施，例如，结合目前的营改增进程，进一步加大流转税的税收优惠力度。首先，应改变一般纳税人与小规模纳税人的认定标准，企业不分大小，只要财务制度健全，会计资料齐备，有固定的经营场所，都应享受一般纳税人待遇，而对不具备一般纳税人资格的中小企业，在一定条件下，可以按征收率征税，按法定税率开票。这样可以减小因不能开具增值税专用发票的因素，减小对中小企业正常的生产和销售所带来的消极影响。其次，降低小规模纳税人的征收率。据测算，我国一般纳税人中的工业企业的增值税税负水平在4%左右，商业企业在2%左右，因此从公平的角度而言，工业小规模纳税人的征收率不应超过4%，商业小规模纳税人的征收率应在2%左右较为适宜。再比如，应加快“费改税”步伐，进一步清理各种收费项目，减轻企业负担。对各种收费，该取消的取消，可以上升为税收的，应按照税法程序并入相应的税种，由税务部门统一征收。对于必要的收费，要提高相关标准的合理性，增加透明度，从而减轻企业负担。

调整结构，重启改革

企业若要获得长足发展，除国家政策支持之外，还离不开社会环境的支持。应在全社会营造尊重企业家的氛围，为企业发展提供宽松自由的发展环境。这些年随着国有垄断企业的不断扩张，中小民营企业的发展空间被压缩，对于这种国进民退的趋势，本人表示忧虑。国有企业的目的不是为了盈利，而是弥补市场缺陷和提供公共服务，比如国防、科技、航天等等，这些领域投资巨大、资本周转时间长而使民营企业难以承担，这些行业可以由国有企业来做。但国有企业不应搞全面垄断，与民争利，应按照市场经济的要求，实行平等的国民待遇。国进民退导致国家对于国有大型企业持续的高投入及政策倾斜，也是造成当今产能过剩的原因。政府对经济实施过多的干预，会造成重复建设严重，各地都在做同一件事情，产品雷同，从而造成市场供求关系不正常，价格指示器失灵。为了避免产能过剩，需要进行实质性的结构调整，重启改革议程。改革不是总有机会的。一再丧失机会的结果，将是想改革而不成，后果可想而知。

重启改革是近几年热议的话题，应包括两点，第一点是建立竞争性的市场体系，破除国有垄断，建立包容性的经济体制，应该像 20 世纪 80 年代那样，为民营经济和企业家创新提供最大的发展空间，这是中国 30 年改革开放的一个非常重要的经验，但是现在好像有一种力量，要把这个经验丢掉，走另外一条路，重回垄断或集权的老路，这是被我们自己和各国市场经济实践反复证明行不通的路，最后可能市场经济搞不成，企业家好日子也到头了。第二点涉及到政府的改革，建立一种有限的政府或者说有效的政府，约束政府对市场过程的过度干预，在进一步完善市场机制的同时，应推进法治化进程。现在政治层面的问题跟企业家以及每个人生活的联系越来越紧密了，一有风吹草动马上引起连锁反应，政府如何规范自己权力的行使机制变得非常重要，关系到中华民族的兴旺和每个公民的切身利益。时代的十字路口，在大是大非的问题上，容不得我们有半点犹豫。

跟气象学有关的几个经济学定律

○ 您有雨伞买墨镜，已有墨镜买雨伞。
不测风云伞必备，晴天日照光刺眼。
两样缺一不完美，购置齐全最保险。
老板推荐不照办，追悔莫及为时晚。

恩格斯说，自然界是人类赖以生长的基础。这是每一个气象学者和经济学者都应该牢牢记住的信条，并且设法找到一条连接这两大学科服务于社会的通道，令其畅行无阻。

在我的印象里，气象部门大概是所有政府机构中最尊重客观规律的机构，这可能是由该部门的工作性质所决定的。上个月，我受国家气象局的邀请去参加一个气象体制改革的座谈会，在会上讲了几个与气象有关的经济学定理，引起与会者的兴趣。

经济学上有个“黑天鹅效应”，是说1697年，英国科学家约翰·拉森在澳大利亚西部发现了黑天鹅，而在这以前人们一直以为黑天鹅是不存在的，结果在当时引起了一场“改变观念”的轰动。今天，“黑天鹅效应”成了发生某种“不可思议”和“不可预测”事件的代名词，专指那些轻易不会发生、一旦发生便会造成巨大损失的问题，如“9·11”事件、次贷危机等，也可用来反映重大自然灾害，如水灾、旱灾、地震等。

黑天鹅效应促使人们反省，因为人们通常只重视那些概率正向分布的一般情形，而真正的危机却可能发生在那些低概率、一旦发生便会造成巨大损害的情形下，后一种情况又恰恰是人们极易忽略的领域。人们应注意到自己认识上的缺陷，并为此做好应对准备。这也正是气象学的特色和价值所在。

经济学还有个“确定性原理”，也跟气象有关。举个例子：某小贩出门，不知天下不下雨，难以决定自己是卖伞还是卖墨镜。假设他每天的营业额是10万元，天晴和下雨的概率各占50%。带伞出门，若没下雨，他的收入就是零；若下雨，他的收入就是10万元。如果他各带一半，天气好就卖墨镜，天气不好就卖伞，他就不会有收入为零的时候，但预期收入也会折半，一般为5万元，用公式来表示，就是$50\% \times 0 + 50\% \times 10$。

这位小贩的苦恼是，雨伞和墨镜是只带一种还是两种全带？如果只带一种，就会有不确定的收入，而人们通常喜欢确定性，所以小贩选择后一种的可能性更大，经济学上这叫做“确定性原理”。这个原理模仿《堂吉诃德》的作者塞万提斯，此人绰号“智慧王子”，所以也叫“塞万提斯的智慧”，实际上是个规避风险的问题。气象学与经济学原理相搭，可以提供与工商业和交通运输业发展密切相关的信息和数据，选择降低风险、增强确定性的有效工具。

气象学家也可以发明经济学定理，“蝴蝶效应”就是美国气象学家洛伦茨 1961 年在做模拟试验时发现的。他在输入数据的时候无意间少输了三位数，初始条件中不到 0.0001 的误差，结果却带来了无法想象的巨大差异。因此，洛伦茨表示无法信任单靠电脑作出的气象预测。

蝴蝶效应定理如今已经应用到经济、社会发展的很多方面，如 20 世纪 30 年代的经济危机是从美国中西部的一家小银行的破产开始的；2008 年的次贷危机则始于加州的一个小金融机构的破产。这一原理后来发展为混沌理论，基本意思是事物不断变化却不重复，很难预料，但任何看起来没有秩序的东西都有其内在规律可循。

中国是世界上自然灾害最多的国家之一，70% 的自然灾害属于气象灾害，而且经济越发达，气象灾害的损失就越大。现在人们出门，交通便利了，风险系数却升高了。前年夏天北京大雨成灾，有人开着一辆途胜 SUV 在二环路广渠门桥下沉没，竟被淹死在市中心的大街上。这件事让我想起马斯洛的“需求层次理论”。1943 年，马斯洛把人的需求分成五个层次，按优先顺序排列，第一是生理需求，第二是安全，第三是爱和归属感，第四是尊重，第五是自我价值的实现。显然，气象服务合于马斯洛定理的第二层次，是政府公共服务中不可替代的、优先安排的项目之一。

我国气象体制和美国的差不多，实行中央垂管和央地两级管理相结合。按照职责分工，飓风、龙卷风以及旱灾、洪灾的减灾防灾系统应主要设在地方，由地方气象部门管理；国家气象局则主要负责全国性的预警监测系统以及国家强风暴实验室的管理。

西方有个德尔菲气象定律，是说气象投入与产出比例是 1 ∶ 98，说明气象服务有良好的经济回报。气象服务是一种准公共服务，政府并不包办全部。近年来，越来越多的私人部门参与到政府主导的气象信息市场营销计划中，专业有偿服务机制和气象信息产业逐步形成。在此基础上，我国气象服务市场将逐步开放。

恩格斯说，自然界是人类赖以生长的基础。这是每一个气象学者和经济学者都应该牢牢记住的信条，并且设法找到一条连接这两大学科服务于社会的通道，令其畅行无阻。

我们需要什么样的税制？

○没门

纳税人关心的是自己与政府之间的关系是否公平，而且认为这是一个更大的公平问题。

“我们”，指的不是政府，而是普通纳税人。

2004年7月，新一轮税制改革在因宏观调控推迟后，将正式启动。政府官员和专家们通常比较关心税收效率问题，而作为纳税人，最关心的是税收是否公平。

官员和专家所说的税收的公平是指纳税人与纳税人之间的公平，例如内、外资企业税负公平、国民待遇之类的问题，而纳税人除了这一层的公平，还关心政府与纳税人之间的关系是否公平，并且认为这是一个更大的公平问题。

“买”一个好的服务

公民向政府纳税，政府向社会提供基本的公共产品和公共服务，税收是公民向政府购买公共服务所支付的价格，是政府提供公共服务所获得的报酬。纳税人税负的高低则主要取决于公共服务的数量和质量，两者之间应当是均衡等价的，否则，就违背了税收的公平原则。

在现代社会，政府与公民个人之间的关系是一种特殊的交易关系，纳税人与税务机关之间的权利与义务关系从根本上说是对等的，法律地位也是平等的。这是整个税收公平的起点，然后才轮到谈其他方面的公平问题。

虽然2003年政府税收达到20416亿元（不包括农业税和关税），增长了20.3%，但纳税人却没有感到政府所提供的公共服务有明显的改善。

2003年底在一次税务会议上，华远集团总裁任志强作为纳税人代表发言时说："我每年上缴200万元个人所得税，也算是对国家有贡献的人了，但我却没有感觉享受到应得的公共服务，要找政府办什么事，请客、送礼还是一样不能少。"在中国，人们的"纳税人意识"已经苏醒，而政府方面的"纳税人意识"似乎还在沉睡。

以政府为实行增值税征收而推广的"金税工程"为例，其价值是确定无疑的，但其实施过程仍存在一些不尽人意之处。某大城市的税务机关要求纳税人必须购买"金卡"和指定品牌的读卡器、软件，每套价格3000多元，还要买专用的打票机，最便宜的也要3000元。报税过程也比以前繁琐：每月1～10日是报税的日子，过去交个表就完事了，现在不行，还要再去一趟"抄税"，10～30日还要去认证进项发票，没有经过确认的便不能抵扣。税务机关还要求企业必须在网上报税，一般的宽带还不能用，必须电话拨到"国税网"上才行。网上报税并不免费，每年要交960元的维护费，金卡和读卡器每年也要交几百元的维护费，另外还要买升级软件等。

"金税工程"本来是为了节约纳税费用的，现在纳税的成本却似乎变得更高了。古典经济学中早就伸张过的"便利"原则，在现实中与纳税人的距离依然遥远。

与对人们纳税意识差、缺乏诚信的批评相应的，政府的公共服务不到位、征纳双方地位不平等则很少被提及。企业还没有赚到钱就要预缴所得税（所谓季度预缴，年终汇算清缴），而增值税税率定得又偏高，这种制度、规则上存在的问题会导致社会信用的丧失，出现普遍性的逃税现象也就不足为怪。

政府与其单纯追求税收收入的增加，不如强化公共服务功能，把"公仆"的角色扮演好，保证各级政府和税务机关向纳税人提供优质的服务。如此中国的税制才能建立在持久稳定的基础之上，才可避免"政治任务"式的征收，在此基础上考虑纳税人与纳税人彼此之间的公平问题也才更具现实意义。

敏感的所得税

个人所得税是人们从属于自己的当期收入中拿出一部分来纳税，这种付出不易看到直接的补偿。因此，在所有税种中，个人所得税最能引起纳税人的“税痛”，最能增强其“税意识”，纳税人对所得税税率一丝一毫的提高都会极为敏感，并对政府如何使用税收的问题最为关切。

目前世界各国的税制结构基本上以直接税为主，并且是以个人所得税(包括具有个人所得税性质的社会保障税)为主体税种。

在本轮税制改革中，个税免征额的标准将适当提高，纳税人无疑是欢迎的。如果细致考虑到纳税人的利益，应将纳税人赡养老人、养育子女所需要的开支因素纳入扣除范围，还应将近 10 年来由于社会保障制度、住房制度、教育制度等方面改革措施的出台导致纳税人支出大幅度增加的因素做适当考虑。

当前的消费热点主要是住房和汽车等大宗消费品，这一领域的主要消费群体是正在形成中的中产阶层。为了培育中产阶层，刺激他们的消费欲望，可考虑适当降低月工资在 4000 ~ 6000 元之间社会阶层的个人所得税税率，同时适当调高高收入的税率。

为了避免因为税收负担过重而导致税收替代效应的产生，应考虑个人所得税税率累进到一定程度后再实行累退，这样的个人所得税税制调整，既兼顾了社会公平原则，又可以避免经济效率的损失。在税制设计上，应当按照个人的年收入计征，而不是像现在这样以次收入来计征。在优惠扣除上，也应体现公平的精神，保护和鼓励生产经营性的收入，相应地，非劳动收入的税负应适当加重。

增值税转型难补先天不足

原有增值税制度设计与出台时为与抑制投资需求过热的宏观经济

政策相匹配，采用了不鼓励投资的“生产型”增值税。企业投资越多，税负就越重。因此，增值税转型势在必然，而这种转型不过是回归它1954年在法国诞生时“消费型”的本位而已。

现在有专家认为，增值税转型具有减税效应，不适宜目前已经过热的经济形势。其实目前的经济过热更多的是一种体制过热，而增值税转型所带动的民间投资才是中国经济增长持久性的支撑力量。

但增值税转型并不能完全解决它在设计上先天不足的问题。首先是税率过高，名义税率17%，考虑“生产型”的因素，实际税率相当于23%，小规模纳税人是全额4%的税负。而同样实行增值税制的我国台湾地区税率只有增值额的5%，东南亚为5%～12%，欧洲的平均税率为20%。

税法要想在实践中畅行无阻地实行，首先它要定得科学、合理，要值得人们去尊重。如果把税率降下来，或增设一档低税率，比如7%，应用于那些从事生活必需品生产经营活动的纳税人和国家产业政策鼓励发展的行业，同时为了避免小规模纳税人与一般纳税人之间交易困难以及税收征管的困难，可考虑取消小规模纳税人的规定及其适用的税率，让这部分纳税人按照低税率来纳税，税收情况整体上会得到明显改善。

其次是范围过窄，现行增值税主要覆盖商品生产和流通领域，建筑安装、邮电通信及其他劳务服务等产业仍实行营业税，这使得增值税链条不完整，人为割裂了国民经济的内在联系。从本质上讲，增值税的征收范围越广，税基越宽，越能发挥它的中性功能，除保留部分交通运输业和娱乐业营业税，其他行业均可以增值税代之。

最后是优惠政策不规范。应取消针对特定行业、特定企业的优惠政策，取消现行众多的“先征后返”、“即征即退”等不规范的优惠方式，因为它不公平，使税法失去了严肃性。

增值税转型的正向作用虽然值得称道，但它的局限性也是明显的。

它毕竟属于流转税，而流转税的实质是利润的预扣，“见发票就征税”，这就相当于在投资者面前放上一个“门槛”，增值税即使转型成功也不可能从根本上消除这个“门槛”。

在我国社会生产力总体水平不高的条件下，长时期坚持以流转税为主体税种，不利于鼓励投资，不利于新创价值，不利于扩大就业，所以它注定只能是一种过渡性的税种，其主体税种的地位将来应该也必然为最能体现社会公平、以所得税为主体税种的税制体系所代替。

这次税制改革与 1994 年的改革有一个明显的不同之处，它不是整体推动，而是“零敲碎打”式地进行。分析其原因，一是不再急功近利，表现出高层决策者在治税理念上更加成熟；二是成本约束，本轮税制改革是建国以来规模最大、难度最大的改革，以减税为基本特征，税制结构调整将导致国家财政收入的大幅度减少，许多措施一时难以到位，只能成熟一个，推出一个。

同时，政府还将加大税收征管力度，降低税收成本，压缩财政支出，推进“费改税”的进程，总之难度是相当大的。

这样看来，本轮税制改革至少需要 5 年以上或更长的时间才能完成，各项改革措施才能全部到位，到那时候一个更加值得纳税人欲求的税制环境，才能真正变成现实。

两税合并后 我国税制改革的走向

○绝境逢生

增强企业竞争力、促进社会公平，是重构税制组合应当遵循的原则。

只要稍加注意就会发现，我国税收制度平均每10年左右就要经历一次大的变革。前几次分别发生在1953年、1963年、1973年、1983年和1994年。最近的一次是2003年。其中，1994年的改革被公认为最具有突破意义，因为经过这次改革，我国初步建立起以所得税、流转税为主体，其他税种辅助配合的复合税制体系，提高了“两个比重”，并为公共财政体制的创建奠定了良好的基础。最新一轮税制改革提出的指导思想是“简税制、宽税基、低税率、严征管”，“两个比重”即提升财政收入总量已经不是它的重点。以内外资企业所得税“两税合并”和增值税由生产型向消费型转化为标志，我国税制开始了最为艰巨的一轮改革，其目标是初步建立一个适应市场经济发展需要、以体现公平税负为基本特征的现代税制体系。

实际上，从启动“两税合并”的时刻起，我们就跨进了税制改革的“敏感期”，或者如有人所称的“深水区”。不管什么“区”，其间所要经历的曲折困难都是可以预料的。这一轮税制改革的重点目标是两税合并和增值税的双重“攻关”。如今，我们已经成功地“攻克”了其中的一个，下一个“堡垒”在等着我们，这就是以增值税“转型”为主要内容的税制改革，应该在2008年前后完成。这样，本轮税制改革虽然拉的时间比较长，但考虑到其艰巨性和巨大的难度，5年左右时间完成应该是可以做到的。

新一轮税制改革已经进行了两年多，农业税被提前取消、增值税转型在东北试点、个人所得税和消费税等作了若干调整，如今又基本完成了“两税合并”，但总体而言，我国税制与当初的预期目标相比仍有一定的距离。表现在：

1. 宏观税负水平居高不下

尽管许多专家一再表示，和国外相比，我国的宏观税负并不高，但许多企业感觉负担还是比较沉重，其原因在于税外负担沉重。如果按照包括各项政府收费和名目繁多的制度外收费的“宽口径”计算，企业的实际税负要重得多。目前我国宏观边际税负水平（即新增税收收入占新增 GDP 的百分比）达到 30%以上，远超国内生产总值增长率。这还仅仅涉及税收，未把数量同样巨大的预算外收入、制度外收入算上，如果全部计入在内的话会更高。

2. 间接税与直接税比例不合理

经过几年的努力，我国直接税的比重有所上升，而间接税的比重有所下降。内外资企业所得税和个人所得税占税收收入的比重，从 2001 年的 19.2%提高到 2005 年的 24.6%，而国内增值税、消费税和营业税等流转税占税收收入的比重，从 2001 年的 58.6%下降到 2005 年的 53.7%，这是一个合理的变化，但总体来说，间接税比重高，直接税比重低的旧有格局并未发生根本的改变，由于流转税所占比重过大，所谓“双主体”的税制模式实际上并未真正形成，直接税的宏观调控作用也就相当有限。

3. 税收负担公平性的欠缺

直接税收入比重过低，尤其是来自所得税类的收入比重过低，会影响税制公平效应的发挥。虽然“两税合并”有效地推进了我国税制向着税负公平的方向迈进，但还远远不够。从整个税制体系来看，税负不公平的问题依然严重，如税收优惠政策过多过滥，城乡实行两套税制，税率、税收优惠和费用扣除标准不同等，导致不同地区，不同所有制企业税收负担存在较大差异。

4. 税种设置不尽合理

表现为，增值税与营业税并存，影响了增值税抵扣链条的完整性，

也加大了这两个税种的征管难度；生产型增值税不仅无法彻底消除重复征税的弊端，而且抑制科技进步；消费税的征收范围偏小，调节力度不足；个人所得税与企业所得税之间存在重复课税和避税漏洞；个人所得税采用分类计征模式，税率和费用扣除方法不尽合理，加之征收管理薄弱，难以充分发挥对个人收入的调节作用。此外，还存在地方税制度不完善、中央税与地方税的划分不够合理等问题。

税制的欠缺之处就是下一步税制改革的着力所在。今后一个时期内，我国税制改革将体现在政府税收政策的以下方面：

第一，加快增值税转型的步伐。这是我国近期内最主要、最急切的改革，也是可与“两税合并”相提并论的一项改革。东北的增值税转型试点，是在8个行业中企业新增机器设备投资应缴纳的增值税可以从年度应纳税额实现的增长中享受抵扣优惠。当初明确改革试点的期限是两年，到2006年7月就已到期。下一步，增值税转型是转向中部地区继续试点，还是尽快在全国铺开，是一个需要尽快决断的问题。显然，大多数企业是欢迎这样的税制改革的，尽快全面推开应该是可行的。①

直觉上，增值税转型的难度要低于“两税合并”，这样认为的理由，一是广大企业欢迎，不像“两税合并”那样面对着来自外资企业的阻力；二是东北试点过程中没有发现明显难以改正的缺陷，没有发现将其推广至全国的障碍因素；三是积累的经验具有宝贵的实践价值，为大面积推广奠定了基础，而且试点过后即在全国铺开也符合惯例；四是增值税转型的主要困难还是源于政府对财政减收过大的顾虑。考虑到东北试点财政损失40亿元，把它推向全国，政府所要支付的改革成本不过700亿元左右，这个压力财政应该是可以承受的。近年来我国财政收入持续高增长，去年又增加20%以上，可以说，目前一两年内应该是增值税改革的最佳时机，不应轻易错过年内至迟明年初全面推开应该

①增值税转型在2008年得到实质性推进，至今仍未全部完成。

是明智选择。

第二，制定更多和更恰当的激励高新技术产业发展的政策。根据税收促进高新技术产业发展的需要，结合当前我国科技税收政策措施的现状，以及借鉴国外的经验，应该调整和完善我国高新技术产业税收政策，包括加快研究和制定鼓励企业自主研制、开发和推进高新技术的税收政策、鼓励非高新技术企业在高新技术方面的自主开发等。同时，还应加大对传统产业高技术化的税收优惠力度，以提高传统产业的技术水平，加快传统产业高技术化的步伐。

第三，进一步完善激励和保护中小企业的税收政策。目前我国的税收政策在总体上并没有把支持中小企业发展提到应有的战略高度，主要表现在：政策缺乏系统性和规范性；优惠方式单一、范围窄，间接优惠少；税收优惠主要集中在企业所得税方面，涉及的税种太少，限制了税收对中小企业的调控范围和调控力度。所以，可以考虑采取以下支持中小企业发展的税收政策：一是完善现行增值税制，改进小规模纳税人的征管制度，维护中小企业特别是小微企业的合法权益；二是在“两税合并”的过程中，辅助制定一些保护、扶持中小企业的税收政策和措施；三是优化对中小企业的税收服务体系，减轻中小企业纳税的履行成本等。适当的税收优惠政策具有减税的效应，等于政府少收而企业多留，既可在一定程度上降低宏观和微观两方面的税负水平，也可使税收产生激励经济效率的作用。

第四，适时开征社会保障税。我国社会保障制度改革已取得一定的进展，社会保障资金的筹集方式已由企事业单位自行提取、管理，转变为社会化征缴和管理，这对于深化国企改革，消除劳动力合理流动的障碍，维护社会稳定具有积极意义。但是，目前社保费的征缴仍存在不少问题，需进一步改革。为体现公平原则、强制性和规范性、降低征收成本，改社会保障费为税，建立社会保障税制度势在必行。从国际上看，社会保障税是以纳税人的工资和薪金所得为征税对象的税种，是实施社会保障制度的主要资金来源，是实现公平收入分配的有力工具。政府只是“过路财神”，专款专用。同时，社会保障税作为直接税的主力税种，还可以大大地提高我国直接税的比重，有利于税制结构的优化。

第五，清理收费，简并税种，建立以财产税和行为税为主体税种的地方税体系。燃油税、房产税和土地增值税等税种合并而成的物业税，经多方论证，理论上已不存在问题，只是时间早晚的问题。而其中的物业税不仅属于直接税范畴，也是地方税收的主要来源。这对进一步完善分税制，使中央与地方政府之间的收入分配更为规范具有重要意义。

应加以注意的是，目前企业的总体负担已经较重，财政收入的任何增加都应通过规范政府收入的途径来解决，不应再随意增加纳税人的负担。对于企业来说，应特别关注政府税制改革的每一个动向。这一轮以减税为基本特征的税制改革，重点将划定在国内自主创新的高科技领域、新农村建设和节能、环保型产业等方面，投资机会将在这些领域产生。

总之，随着改革不断深入，我国税制的任何微小变动都将牵涉众多利益格局的调整，因此，税制改革要突破胶着状态并取得实效，就必须摈弃 1994 年税改遵循的“保持原税负”的原则，改变“基数加增长”的分配模式，将增强企业竞争力、促进社会公平作为重新设计税制改革模式的原则，这也是今后我国税制改革应当长期坚持的原则。

物业税征收前提

○水中捞月

房地产税，或物业税，是对国民一部分个人财产权的合法剥夺，所以一定要把民主和公共选择机制引入其中。

物业税尚未开征，决策者们早已经切实感受到了公众的普遍质疑(互联网和平面媒体上有大量信息可寻)。

人们在问：开征物业税以后，我的税负水平会不会提高？提高多少？不动产的价值应该由谁来评估？评估的结果我们不认同怎么办？找谁去投诉？投诉结果仍不满意又怎么办？总不能无缘无故给我增加一块税收负担，征了物业税，给我减什么税？现行的房地产税费哪些保留、哪些废止？是实行比例税率，还是累进税率？税率多少？免征额是多少？不同用途的房地产，是不是都征收物业税？还有更大的疑问：应该由谁来决定征收或不征收这个税？

对愈行愈近的物业税，人们的脑子里有着太多的疑问和疑虑，社会涌动着不安的情绪，只因为物业税与其他税种有所不同，它是直接税，直接构成千家万户不可转移的负担，人们不能不关心。

在许多国家，物业税是一个典型的服务性质的税种，必须专款专用，只能定向用于为社区提供公共服务，而不能移做其他用途。以加拿大的物业税征收为例，仅与其对应的市政服务，就包括警察配置、消防及防火、救护车、城市公共汽车、垃圾和循环再造物品收集等，共承担了25种以上的公共服务项目。

这才是真正意义上的物业税，开征这样的税，相信很难会有人不支持。

中国提出开征物业税恐怕已经有十几年，2003年以后开始物业税“空转”(即虚拟进行的物业数量统计及相关评估和税收统计)试点，到现在也有六七年，迄今却未见相关官员、专家认真给公众做一点解释：物业税究竟要拿去做什么用？

前几年，中国经济增长较快，这本是完善各种社会保障和社会福利的大好时机，却没有做到位，现在经济形势变差，人们收入水平下降，物业税开征却被提出，让人很难不把此事与弥补财政亏空联系在一起。至少，政府应当回答这样一个质疑：征物业税，有钱的时候没做到，没钱的时候就做得到吗？

经济危机形势下，当务之急不是增加税收，而是轻征赋税，让资金尽可能多地留在民间企业和居民的口袋里，增加人们的可支配收入和资金。消费者有钱可花、敢花、想花了，何愁需求不振？何愁市场不繁荣？

即便在房地产问题上，目前最需要的也不是开征新税，而是恰恰相反，应该减税。即通过减轻购房者负担，释放被压抑的房屋需求，从而让楼市和经济都能找到一个可以依赖的增长点。

从经济学理论上说，征收物业税是一件好事。它可以起到调节公平尺度、缩小贫富差距的作用，而且也确实能给政府提供稳定的税收来源。富人占有资源多，就应该多交税，地方政府也可以利用物业税这部分收入，去建设住房保障体系。

但是，物业税实际上能不能真的起到这样的作用，却不好说。富人多出钱，穷人未必能得利。因为富人纳的税要变成穷人的利益，还要通过政府的公共财政进行一次再分配，就是说，还要看政府能不能做到很好地向社会提供公共服务。

从法理上说，物业税是对公民一部分财产权的剥夺。因此，一定要把民主机制引入物业税领域，明确税权归属。

政府应取得全国人民代表大会的明确授权，并给予地方政府一定的开征、免征权，中央政府与地方政府的税收权限边界应当清晰，并通过立法固定下来。立法程序要公开、透明，保证社会公众在相关法律的制定过程中，拥有有效的参与权和监督权，不能绕开人大自定章程，强迫公民遵行。

这是物业税制定和推出过程中最重要的问题。不经人民认可的赋税征收，是缺乏合法性的。

从技术层面上说，物业税与其他税种不同，个人所得税可以用代扣代缴的形式，物业税却只能面对面、挨家挨户地直接征收。更重要的是，在征收之前，政府还要对房产的市场价值每两三年至少进行一次评估，其技术复杂程度和敏感程度，差不多需要税务局变成半个房管局，才应付得了。而且，如果纳税人不认可或不配合怎么办？若物业税变成一个新时期的“窗税”，又如何是好？难不成税务局再变成半个公安局吗？

如果是为了调解房地产市场，缩小贫富差距，而且愿意走法治道路，那么物业税可以征，也应该征。在积极准备、各项条件齐全的前提下，普通居民或许会在数年后直面物业税问题。但是，如果单纯是为了增加中央或地方的财政收入，那还是打住为好——现在开征物业税还远远不是时候，即便以后，人们也不会欢迎这样的税。

危机时刻，切忌与民争利，出台任何新税都必须慎之又慎。

政府理应承担更多的公共服务责任

○没底

人民创造财富，理应享受应得的国民福利，这是大家交税的唯一理由。

人们对政府财政行为的观察一般局限于税制、税收政策或非税收入等方面，而对政府财政支出的规模或结构问题却不很重视，其实，比起收入来，财政支出更能准确地反映一个政府的施政方向，因为它能更直接地反映政府向社会提供公共服务的水平。

公共服务相对于经济发展严重失衡

我国有学者对50多个国家和地区包括低收入国家、中下等收入的国家、上中等收入的国家和高收入的国家在内的统计数据进行研究分析以后得出结论，我国公共服务的实际提供量和理论上的适度偏好的提供量之间存在着很大的差距：1978年，这个差距是0.141个百分点，2006年这个差距被拉到了3.118个百分点，政府责任实现的程度由1978年的87.5%下降到2006年的52.4%。

可见，我国对于公共服务提供的现实数量，远远低于依据各国客观经济数据所测算出的经验值。这种不断扩大的差值表明是某种主观因素限制了公共服务和人民福利水平的提高，并且这种失责程度呈逐步扩大的趋势。也就是说，30年来我国政府公共服务缺失的程度相对说并没有得到实质性的改善。

改革开放30多年，我国人民创造了巨量财富。问题在于，我国经济虽有大的长进，却还没能使社会上的多数人享受到比较理想的国民福利，比如公共医疗、社会保障、基础教育、基本住房等社会福利，还有社会成员之间的贫富差距、东西部差距、城乡差距以及城乡各自内部的差距等，都有越拉越大的趋势。而这些，恰恰应该是政府最应当向社会提供的公共产品和公共服务。

人民创造财富，理应享受到相应的国民福利，这是大家交税的理由。两者应该是正相关的关系，经济增长使政府财政收入增加，政府提供公共服务的能力提升，人民享受的福利待遇从道理上说就应该逐步得到改善。然而，中国经济在持续30年的高速增长过程中，相对于经济的发展和物质水平的提高，社会发展及福利安排却还远远不够。

GDP增长很快，政府财政收入也很多，如果没有很好地解决国民福利问题，整个发展的含金量、价值、意义无形中就打了折扣。

决策者显然认识到了问题的严重性，从绝对额上逐步增加对社保、教育、农村等的财力安排，与计划经济时代相比，财政支出中用于公共服务的比例有较大幅度的提高。2008年，更提出了建立“民生财政”的政策原则，以比较主动的姿态和比较大的幅度扩大了财政用于民生的部分。这是事实，应当肯定。

发展失衡需要政府承担更多责任

改革开放以来，在教育、医疗和社会保障的投入比重逐年下降的同时，公共财政资源被过多地投放于本应由市场发挥作用的领域，即竞争性的和赢利性的领域，而政府自身的行政管理费用在以“飞起来”的速度增长。据《中国统计年鉴(2007)》提供的数据，我国政府的文教、科学、卫生以及社会保障等公共服务性支出由1978年的131157亿元，增长为2006年的11787176亿元，增长了89倍，而维持政府自身运作的行政管理费，却由1978年的49109亿元，猛增至2006年的5639105亿元，增长了近114倍。

民众的富裕或者贫困，取决于他们与政府之间的分配比例。如果一定时期内的社会财富是一个恒值，那么，政府占有的部分多了，人民占有的部分必定少了。政府变得富有，人民便必定贫穷，关系民生的基本公共服务领域就很容易被忽略，反之亦然。所以出现上述情况并不奇怪，这种在经济持续增长背景下出现的以社会问题不断累积、凸显为特征的福利安排相对弱化、缺失的现象，是我们所说的那种真正意义上的发展失衡。

福利制度是所有发达国家在经历长期经济增长后普遍形成的一种制度安排，从长期经验来看，经济增长与社会的福利化存在着正向关联的关系。这话通俗地说，政府存在的理由就是为社会提供公共产品和公共服务，这是政府的职责所在。市场或公民的权利所到之处，就是政府权力的边界。税收除了维护政府日常的运转外，绝大部分都应该用来提高国民的福利，搞好公共服务。

影响政府公共服务提供水平的因素：一是国家的经济发展水平；二是政府的财政能力；三是政府对于公共服务支出的相对偏好，决定着政府在多大程度上愿意将财政收入投入公共服务领域；四是政府公共服务提供的效率，反映政府在一定财力和意愿下，提供公共服务的绩效和效率。

四个变量中，经济水平和财政能力决定了政府能够提供公共服务的能力，是制约公共服务的客观条件，不存在主观责任问题，而政府偏好和效率则是自身因素对公共服务的影响。显然，造成政府公共服务存在问题的原因，既有客观因素，也有主观因素。所以结论应当是，当前中国出现的发展失衡，其主要表现是政府在提供公共服务方面的失责，也就需要政府承担起更多的社会发展的责任来。

漫话 ManHua

我们的经济社会

Women de Jingji Shehui